교사 상담소

교사 상담소

초판 1쇄 발행 2024년 4월 26일

지은이 | 송승훈·고성한

발행인 | 최윤서
편집 | 정지현
디자인 | 김수경
마케팅 지원 | 최수정
펴낸 곳 | ㈜교육과실천
도서문의 | 02-2264-7775
인쇄 | 031-945-6554 두성 P&L
일원화 구입처 | 031-407-6368 ㈜태양서적
등록 | 2020년 2월 3일 제2020-000024호
주소 | 서울특별시 중구 창경궁로 18-1 동림비즈센터 505호
ISBN 979-11-91724-50-9 (13370)

오늘도 혼자 고민하는 당신을 위한

교
사
상
담
소

송승훈 · 고성한 지음

교육과실천

교육 현장에 있는 교사들의 마음이 그 어느 때보다 무거운 요즘입니다. 상황이 어려울수록 본질을 보라는 말이 있습니다. 이 책에는 교사로서의 본질에 집중해 보려는 15가지의 고민과 제언이 진솔하게 담겨 있습니다. 책 말미에 교육도 결국엔 사람을 만나는 일이라는 고성한 선생의 단언은 대학 시절부터 보아 온 그의 삶의 자세를 떠올리게 합니다. 이 책이 더욱 마음에 와닿고 자랑스럽습니다. 이 책이 선생님들에게 위안과 힘이 되었으면 합니다.

김창근_부산교육대학교 윤리교육과 교수

• • •

단 한 사람! 평가하고 충고하기보다 나를 있는 그대로 믿어 주고, 나를 와락 끌어안아 줄 단 한 명의 친구만 있어도 우린 살 수 있다. 학교의 칸막이 문화 속에서 관계의 문제로 나 홀로 생존 싸움을 하고 있는 교사가 있다면, 이 책은 살아 있는 친구가 되어 줄 것이다. 사람을 살리는 책이 될 것이다.

한성준_좋은교사운동 공동 대표

교사만의 실존적 고민이 있다. 교육을 향한 꿈과 열정은 온데간데없고 하루하루 버티기조차 쉽지 않을 때가 많다. 상담소에 가서 교사로서 고민을 터놓고 싶지만 용기가 안 난다. 그럴 때 교사의 실존적 고민에 대해 따뜻한 위로와 공감을 주고, 다시금 '해 보자!' 하는 열정을 갖게 되는 이 책을 펼치는 용기만 내보자.

김효수_교육부 교육연구관, 《나와 공동체를 세우는 수업나눔》 공동 저자

· · ·

문이 닫힌 교실에서 교사는 자주 괴롭고 외롭다. 그럴 때 누군가 "나도 그래."라고 말해 준다면 다시 힘을 내어 볼 수 있을 것이다. 이 책은 그 한마디 말과 같다. 나와 조금도 다르지 않은 시간을 지나온 두 선생님의 다정한 공감과 조언을 따라가다 보면 어느새 알게 된다. 문제를 해결할 수 있는 열쇠를 찾아 먼 길을 헤매지 않아도 된다는 것을.

이누리_천안용곡중학교 교사

교육은 사람과 사람이 만나는 일입니다. 교사와 학생은 학교라는 공간에서 만나 오랜 시간을 함께 보냅니다. 교사가 학생에게 다가가 한 번 더 웃어 주고, 따뜻한 말을 건넬 수 있다면 얼마나 좋을까요. 그렇게 하려면 먼저 교사의 몸과 마음이 여유로워야 합니다. 하지만 오늘날 많은 교사에게서 여유를 찾기 어렵습니다. 워낙 바쁘고, 또 다양한 어려움에 부닥쳐 있기 때문입니다.

먼저, 교사가 학교에서 감당해야 할 일이 너무 많습니다. 물론 교사에게 가장 중요한 일은 학생과 만나고, 또 학생을 가르치는 일입니다. 그러나 교사에게는 수업 이외에도 처리해야 할 업무가 많아서 온전히 학생과 수업에만 집중하기 어렵습니다. 수업 후 남은 짧은 시간 동안 수업 준비와 담임 업무, 학교 업무까지 해야 하기 때문입니다. 그러다 보니 많은 교사가 퇴근 시간 이후에도 학교에 남거나, 집이나 카페에서 수업 준비와 업무 처리를 합니다.

둘째, 교사는 중층적인 인간관계의 한가운데에 놓여 있습니다. 교사는 학생, 학부모, 동료 교사, 학교 관리자와 복합적인 인간관계를 맺습니다. 다양한 인간관계 속에서 모두를 동시에 만족시키는 건 어려운 일입니다. 수많은 사람 중에서 한두 사람과의 관계만 삐걱거려도 교사는 큰 어려움을 겪습니다. 다행히 한 해를 무사히 넘겼다 해도 완전히 마음을 놓을 수는 없습니다. 매해 3월이 되면 모든 관계가 처음부터 다시 시작되기 때문입니다.

셋째, 교사는 퇴근 후에도 온전한 쉼을 누리지 못합니다. 학생·학부모의 전화와 문자가 수시로 오기 때문입니다. 사소하게는 준비물이나 과제를 묻는 문자부터 학급운영에 대한 불만, 학교폭력 사안 등 크고 작은 민원 전화까지 시간을 가리지 않고 쏟아집니다. 많은 교사가 퇴근 후에도 각종 민원에 대한 불안과 긴장 속에 놓여 있습니다.

어떻게 하면 교사의 어려움을 풀어내고, 학생들에게 따뜻하게 다가갈 수 있을까요? 오랜 시간 고민했지만 쉽게 답이 떠오르지 않았습니다. 그러던 중에 우연히 중등의 송승훈 선생님과 대화를 나눌 기회가 생겼습니다.

다양한 도서를 출간하시고 교사를 대상으로 연수도 하시는 송 선생님에 대해서는 이전부터 잘 알고 있었습니다. 전문성과 내공을 갖추고 있으면서도, 송 선생님은 참 겸손한 분이었습니다. 송 선생님과 마음을 터놓고 교사의 여러 가지 고민에 대하여 오랜 시간 대화를 나누었습니다. 대화 속에서 번뜩이는 해결책을 여러 가지 발견할 수 있었습니다. 창의적이고 실질적인 해법이 고민을 품고 있던 제게 큰 도움이 되었습니다.

문득, 우리가 나눈 대화가 비슷한 고민을 가진 다른 교사들에게도 도움이 될 거란 생각이 들었습니다. 이 책은 그렇게 세상에 나오게 되었습니다. 이 책의 1부에는 학부모 및 동료 교사와의 관계와 관련된 문제와 그 해결책을 담았습니다. 2부에는 학생과의 관계에 관한 고민에 대하여 정리하였습니다. 다음으로 3, 4부에는 교사가 가진 학교 안팎의 고민에 관해서 기술하였습니다.

교사는 교실 속 유일한 어른입니다. 교실 안에서 학생들의 고민에 반응하고, 문제에 대한 답을 함께 찾습니다. 그런데 사실 교사도 고민이 참 많습니다. 하지만 고민을 아무에게나 털어놓을 수는 없습니다. 그래서 우리가 나눈 대화를 누설하지 않을 안전하고 따뜻한 공동체가 필요합니다. 이 책이 여러분에게 그런 편안하고 따뜻한 나눔터가 될 것입니다. 어떤 고민을 털어놓더라도 따뜻한 응원과 격려를 보내는 그런 커뮤니티 말입니다.

마지막으로 오늘도 교실에서 분투하고 있는 동료 선생님들에게 따뜻한 위로를 전합니다. 또한, 암담한 상황 속에 그대로 머물러 있지 않고 앞으로 나아가기 위해서 이 책을 펼쳐 든 선생님에게 응원을 보냅니다. 이 책이 교실에서 혼자 고민하고 있는 모든 선생님에게 작은 응원과 격려가 될 것이라고 믿습니다. 마지막으로 우리가 대화를 나누며 경험했던 따뜻한 위로가 이 책을 읽는 선생님에게 똑같이 전해질 수 있기를 간절히 소망합니다.

교사의 고민 앞에서
고성한

목차

추천의 글 … 5

서문 … 7

1부. 학부모·동료 교사와의 관계

01 학부모의 무례한 전화에 잘 대처하고 싶어요 … 13

02 교과전담교사와 담임교사,

어떻게 하면 잘 지낼 수 있을까요 … 26

03 예의 없는 동료와 실망스러운 선배, 인간관계가 힘들어요 … 40

2부. 학생과의 관계

04 학생과의 관계, 소통이 어려워요 … 59

05 학생의 무례한 말 때문에 상처를 받아요 … 79

06 수업을 방해하는 학생 때문에 힘들어요 … 102

07 학교생활에 소홀한 학생 때문에 힘이 쭉쭉 빠져요 … 120

3부. 교사의 학교 안 고민

08 행정 업무가 많아서 힘들어요 ··· 138

09 통합교육이 어려워요 ··· 157

10 전문성을 갖춘 교사가 되고 싶어요 ··· 175

11 수업에 대해 여러 고민이 많아요 ··· 191

4부. 교사의 학교 밖 고민

12 B급 교사가 되고 싶지 않아요 ··· 211

13 퇴직 후, 카페 창업을 하고 싶어요 ··· 230

14 육아 때문에 자기계발이 어려워요 ··· 244

15 교사로서 의욕이 없어졌어요 ··· 259

참고문헌 및 자료 ··· 275

◇◇◇ 1부 ◇◇◇

학부모·동료 교사와의 관계

학부모의 무례한 전화에
잘 대처하고 싶어요

교사의 고민 1

안녕하세요. 저는 초등학교에서 담임을 맡고 있는 교사입니다. 어느 날 제게 전화 한 통이 왔어요. 우리 반 학생의 학부모였죠. 통성명도 하지 않고, 격앙된 목소리로 대뜸 왜 자기 아이를 미워하느냐고 말했어요. 사실 그 학생은 제가 평소에 애정을 갖고 지켜보는 학생이었어요. 학부모에게 미워한 적 없다고 했더니 그러면 우리 애 말이 거짓말이냐고 하더라고요. 제 말은 듣지도 않고 크고 빠른 말투로 일방적으로 쏟아부었죠. 제 답변은 전혀 듣지 않았습니다. 그렇게 폭풍이 휘몰아치고 참 속상했습니다. 그런데 그게 끝이 아니었어요. 비슷한 일로 세 번이나 전화를 했습니다. 저는 그 학생을 참 예뻐했는데 아무리 사실을 말해도 제 말을 믿지 않더군요. 정말 답답했습니다.

밤 11시에 잠자리에 들려는데 갑자기 전화가 왔습니다. 우리 반 학생의 아버지였어요. 전화를 받으니 갑자기 고래고래 소리를 질렀어요. 아이가 학교에서 맞고 왔다면서 그러는 동안 담임은 뭐 했냐며 한참이나 소리를 치는 통에 저는 얼어붙어서 아무 말도 하지 못했습니다. 계속 학생의 아버지와 어머니가 번갈아 통화하며 저를 향해 비난을 쏟아 냈어요. 다음 날 학교에 가서 확인하니 한숨이 새어 나왔습니다. 친구끼리 놀다가 실수로 친 일이었고 간단히 사과하고 끝났거든요. 학부모는 학교폭력을 당한 학생을 방치한 것처럼 저를 몰아붙였는데 알고 보니 별일 아니라 참 황당했습니다. 이런 일들이 겹쳐서 이후로 전화 공포증이 생겼습니다. 전화벨만 울려도 심장이 두근거려요. 시도 때도 없이 무례하게 전화하는 학부모, 어떻게 대처하면 좋을까요?

— 공감 —

누구나 만날 수 있는 무례한 학부모

사연 어떻게 들으셨나요? 혹시 선생님들도 사연과 비슷한 일 겪어 보셨나요?

 고성한　　사연 속 선생님은 학생을 참 예뻐했는데도 학부모가 선생님을 전혀 믿어 주지 않고 있습니다. 참 답답한 상황이네요. 안타까운 건 이런 우울한 상황이 끝날 기미가 보이지 않는다는 겁

14

니다.

사연을 들으니 제가 과거에 겪었던 비슷한 일들이 떠오릅니다. 저
뿐 아니라 많은 교사들이 비슷한 어려움을 겪고 있을 거예요. 우
리가 학교에서 만나는 학부모 대부분은 참 좋은데 사연 속 학부모
처럼 무례한 분도 종종 있습니다.

**송승훈 선생님은 사연을 어떻게 들으셨나요? 선생님도 비슷한 일을 겪어 보셨
나요?**

송승훈　　　예전에 학생들에게 둘씩 짝을 지어서 친구 인터뷰하
기를 시켰어요. 세 번 만나라고 했어요. 한 번은 함께 만나서 뭘 먹
고, 그다음에는 어디부터 어디까지를 걸으며 산책하고, 그다음은
각자가 하고 싶은 방식으로 만나라고 했죠. 만나서 뭘 먹고 걷다
보면 서로 자연스럽게 얘기를 나누게 되잖아요.

그런데 저녁에 한 학부모에게서 전화가 왔어요. 학생들에게 학교
끝나면 집으로 바로 가라고 하지 않고 친구들과 만나서 이야기하
라고 한 점이 비교육적이라는 문제 제기였어요. 이 말을 처음 들
었을 때는 저는 이게 농담인지 진담인지 헷갈렸어요. 그 전화를
걸어온 학부모의 자녀는 고등학생에 검도를 했고 덩치가 씨름선
수 정도 되는 학생이었거든요. 그럼에도 친구 인터뷰하기의 취지
를 설명했는데도 그 학부모가 계속 항의하는 거예요. 부모는 자기
자녀 문제에 대해서는 합리적인 판단력을 잃어버리는 경향이 있

구나 하고 생각했지요.

다음 날 그 남학생에게 어제 아버지에게 전화 왔었다고 이야기하니까, 학생이 제게 신경 쓰지 말라고 말하더라고요.

| 상담 1 |

무례한 학부모에 대한 단계적 대응

사연을 보내주신 선생님은 학부모들의 무례한 행동을 참고 있는 것 같습니다. 제 생각엔 많은 선생님이 같은 선택을 하지 않을까 싶어요. 이렇게 참고 넘어가는 것에 대해서는 어떻게 생각하세요?

 고성한 　　　저도 신규 교사 시절에는 대부분 참고 넘어갔습니다. 무례한 학부모를 만나도 최대한 예의 바르게 대처했고요. 그때는 무조건 참는 게 능사라고 생각했습니다. 그런데 참고 또 참아도, 계속 무례하게 행동하는 학부모도 있더라고요. 그래서 이제는 방법을 조금 바꿨습니다.

우선, 학부모의 행동이 무례하다는 걸 명확히 말합니다. 그리고 그런 행동이 교사인 제 마음을 불편하게 하고 있다고도 밝히고요. 항상 저자세로 응대하기보다는, 때로는 자신의 불편한 마음을 솔직하게 내비치는 것도 필요합니다. 예의를 갖추면서도 자신의 감정을 단호하게 표현하는 거죠.

송승훈　　단계별 대응이 필요해요. 전화하는 학부모가 다 똑같지 않기 때문이에요. 처음에는 상대의 이야기를 경청하고 공감해 주어요. 그 상황에서 교사가 왜 그런 교육활동을 했는지를 차분하게 설명합니다. 학부모의 이야기가 합리적이고 맞다면 좋은 말씀을 해 주어서 고맙다고 해요. 이러면 학부모가 이해하고 상황이 끝나기도 해요. 상황을 잘 모르거나 내용을 잘못 파악해서 전화했을 때는 이렇게 하면 마무리가 돼요.

그런데 교사의 설명을 이해하지 못하고 학부모가 비합리적인 말을 계속 반복하는 경우가 있죠. 이 경우에 문제 상황이 되고 교사들은 힘이 빠집니다. 이때는 경청과 공감으로 상황이 정리되지 않으니 다음 단계로 들어가야 합니다.

두 번째 대응은 '딱 끊어주는 것'입니다. 합리적 대화가 안 되는 상황에서는 전화로 더 길게 이야기해 봐야 소통에 도움이 안 됩니다. 상대가 같은 말을 길게 되풀이할 때는 공감으로 안 되기도 합니다. 전화 통화 시간이 10분이 넘어가면 대화를 멈추는 게 좋습니다. 더 통화해도 상황이 나아지지 않기 때문입니다. "학부모의 말씀을 제가 잘 들었고, 저도 제 의견을 말씀드렸으니 오늘 통화는 여기까지만 하겠다."고 정중하게 말씀드리고 마무리하는 게 좋습니다.

말씀해 주신 것처럼 무례한 학부모를 만나면 어떻게 대처하면 좋을까요? 학부모와의 관계 정립 방법이 궁금합니다.

고성한 　　우선 교사 자신이 경계를 명확히 설정해야 합니다. 근무 시간과 휴식 시간을 명확히 분리하는 거죠. 교사가 근무 시간 이후에도 전화를 받는다는 건 스스로 그 경계를 불분명하게 하는 행동입니다. 근무 시간 이외의 시간에 연락을 받기 시작하면 퇴근 시간 이후에도 악성 민원 전화나 시시콜콜한 상담 전화에 지속해서 시달릴 가능성이 커지고요. 또 무례한 학부모가 교사에게 수시로 연락하는 걸 막기도 더욱 어려워집니다.

교사가 자신을 지키고 보호하려고 노력해야 합니다. 그 시작점이 바로 학기초에 학부모에게 명확한 기준을 제시하는 겁니다. 근무 시간, 그중에서도 수업 이후 시간에만 연락을 받을 수 있다고 명확하게 안내하는 거죠. 그렇게 안내하면 대부분의 학부모는 그 선을 잘 지킵니다.

때때로 신속하게 연락해야 하는 중요한 일도 생깁니다. 물론 그런 일은 퇴근 후에도 말할 수 있습니다. 핵심은 사소한 일로 퇴근 시간 이후에 연락을 주고받는 건 피하라는 겁니다.

 송승훈 　　무례한 학부모에게는 일단 정중하게 격식을 갖추어 대하는 게 중요합니다. 상대가 무례하면 교사가 당황해서 목소리가 흔들릴 수가 있는데, 그러면 그 학부모는 잘못된 성취감을 느끼고 더 흥분합니다. 교사가 정중하게 격식을 갖추다 보면 말을 차분하게 천천히 하게 되어서 상대를 자극하지 않게 됩니다.

하지만 정중하게 격식을 갖추어 대하는데도 계속 무례하게 나올 때가 있습니다. 이때는 정중한 태도를 유지하면서, 천천히 그리고 적당히 건조하게 말합니다. 이렇게 하면 무례한 사람은 느낍니다. 아, 이 교사는 함부로 하기에는 어려운 사람이구나! 상대가 무례하게 행동할 때 거기에 반응해서 목소리가 떨리거나 급하게 바로 대답하지 않는 게 요령입니다. 상대가 이것저것 분별없이 이야기하는 것에 하나하나 반응하지 않아야 합니다. 혼란스러운 말을 어느 정도 듣고 답을 짧게 하려고 애써야 합니다. 학부모가 표현하는 내용 속에 어떤 요구와 불만이 있는지 알아채고, 상대가 듣고 싶은 내용에 대해 짧고 분명하게 답해야 합니다.

고 선생님이 말씀하셨듯이, 해가 지고 난 다음에는 긴급한 상황이 있을 때만 교사에게 연락하고, 그 외에는 낮에 연락하라고 학기초에 안내문을 내보내고 학생들에게 알려야 합니다. 중고등학교에서는 학생들이 밤 11시나 12시에 교사에게 다음 날 준비물이 무엇인지를 카톡으로 묻는 경우가 있어서 사회적 예의에 대해 가르치는 게 필요합니다.

나만의 학부모 응대 비법

또 다른 나만의 학부모 응대 비법이 있을까요?

 고성한　　　학부모 문자가 오면 전화로 바로 구체적인 응답을 하지 않습니다. 학부모에게 상황을 확인해 보고 추후 연락하겠다는 문자 정도만 남겨 놓죠. 바로 통화를 하지 않는 이유는, 문제를 파악하고 해결할 수 있는 충분한 시간을 벌기 위해섭니다. 학부모에게 문자를 보내 놓은 후에 해당 학생과 직접 얘기를 주고받으며 문제를 파악합니다. 상황을 충분히 파악하고, 또 해결책도 마련한 후에 학부모와 통화를 하고요. 그러면 문제 풀기가 훨씬 수월합니다. 시간이 조금 지나서 통화하면 다소 흥분했던 학부모의 마음도 조금 가라앉습니다.

 송승훈　　　중등교사는 보통 하루에 4시간 정도 수업을 합니다. 수업이 불규칙하게 있어서 낮에 전화가 와도 받지 못할 때가 많습니다. 그래서 보통 중고등학교에서는 학부모가 문자로 교사에게 연락하고, 그다음에 교사가 시간이 날 때 학부모에게 연락하지요. 학부모를 응대하는 저만의 비법은 이 학생이 나중에 잘될 거라고 대화의 시작이나 끝에 덕담을 해 주는 것입니다.

중등에서는 학부모가 자녀에 대해 실망을 많이 한 경우가 일반적입니다. 청소년기의 학생들은 생물학적으로 독립적인 어른이 되는 준비를 하기에, 보통은 부모와 자녀가 상당한 긴장 관계가 돼요. 그러다 보니 자녀가 잘되었으면 하는 마음이 불안으로 많이 드러나기도 합니다. 그래서 학부모와 소통할 때는 그 학생이 여러 문제가 있더라도 교사가 학생의 장점을 파악한 상황을 구체적으로 언급하면서 '나중에 잘될 아이다!' 라고 말해 주면 다른 대화가 잘 풀리는 특징이 있습니다.

물론 대부분은 그런 방식으로 해결이 되겠죠. 하지만 아무리 노력해도 교사의 해결 방법을 인정하지 않는 학부모도 있을 것 같아요. 이후에도 반복적으로 민원을 넣을 수도 있고요. 그럴 땐 어떻게 하세요?

 고성한　　　지금까지는 일반적인 학부모를 상대하는 경우의 대처 방법입니다. 이런 대처가 통하지 않는 어려운 학부모도 물론 있어요. 장기간 악성 민원을 넣는 학부모 말입니다. 그럴 때는 혼자서만 상대하면 안 됩니다. 지치고 우울감에 빠지기 쉽거든요. 주변 사람들에게 적극적으로 상황을 알리고 도움을 청해야 합니다. 구체적으로 학교 관리자 또는 주변 동료들에게 문제 상황을 알릴 수 있습니다. 또 자신이 가입한 교사 노조 또는 교원 단체 등에 연락해서 적극적으로 지원받을 수 있고요. 핵심은 고립된 채 혼자서 어려운 학부모를 상대하면 안 된다는 겁니다.

송승훈　　　어떤 교사가 민원을 무서워해서 약자로 보이면, 그 교사에게 민원이 더 들어오는 경향이 있습니다. 좋은 사람은 약자를 배려하지만, 좋지 않은 사람은 약자를 먹잇감으로 삼고 괴롭히고 싶은 충동을 느끼기도 합니다. 살면서 좋은 사람만 만나며 살 수 없고, 어쩔 수 없이 좋지 않은 사람도 만나게 됩니다. 좋지 않은 사람을 학부모로 만났을 때는 교사가 약해 보이지 않는 게 필요합니다.

교사가 민원인을 두려워하면 은연중에 상대가 그 사실을 감지합니다. 그러면 민원을 넣고 거기에 교사가 힘들어 하는 것을 보며 묘한 쾌감을 느끼고, 그 행동을 되풀이하게 됩니다. 악성 민원인의 전형적인 모습이지요. 민원은 사회적으로 합의된 의사소통의 방식이라고 받아들이면 됩니다. 민원을 내는 건 누군가 할 수 있는 거지, 그리고 사람마다 생각이 다 똑같을 수 없으니 그 다른 생각을 민원으로 의사 표시할 수 있지, 이 정도로 생각하는 것이지요.

민원이 들어오면 '누구에게나 있을 수 있는 일이 나에게도 생겼구나.' 하고 무던하게 대응하는 것이 좋습니다. 제가 말을 이렇게 하지만, 실제 민원이 자기 앞으로 오면 꽤 충격이 느껴집니다. 이때 그 충격과 불안에 잠식되지 말라는 뜻으로 제 말을 이해해 주세요. 민원을 무서워하지 않아야 상대가 민원을 세 번 넣을 것을 한 번만 넣고요. 민원이 일단 들어오면 되도록 거기에 대해 생각을 적게 하고 건조하게 대응하고 처리해야 합니다. 생각을 많이 하면 그 생각 속에서 혼자 지쳐 버립니다.

┤ 함께 나아가기 ├

의견 제시 권리가 있는 학부모, 교육활동 결정 권한이 있는 교사

마지막으로 사연 속 선생님에게 하고 싶은 말씀이 있을까요?

 고성한　　　내 마음을 있는 그대로 지지해 주고 응원해 주는 누군가가 필요합니다. 그 대상은 동료일 수도 있고 가족일 수도 있습니다. 때로는 상담자일 수도 있고요. 학교에서 근무하다 보면 종종 어려운 문제 상황을 겪습니다. 반복적으로 갈등에 노출되면 문제가 내 삶의 전부인 것처럼 느껴집니다. 아무도 날 믿어 주지 않는다는 생각이 들고 한없이 무기력해지고요.

잘 살펴보면 우리를 좋은 사람이라고 생각해 주는 사람들이 주변에 많습니다. 나를 묵묵히 지지해 주고 응원해 주는 사람들도 많고요. 어려운 학부모와의 갈등이나 그 문제 속에 혼자 매몰되지 않아야 합니다. 그러면 있는 그대로의 나를 보기 어렵기 때문입니다. 내 강점을 있는 그대로 볼 수 있게 해 주는 좋은 사람들과 긍정적인 사회적 관계를 많이 맺어 나가길 바랍니다.

송승훈　　　드물게는 예고 없이 전화해서 고래고래 소리 지르며

앞뒤 없는 말을 계속 되풀이하는 학부모를 만날 때도 있습니다. 그때는 전화기를 귀에 대고 있지 말고 내려놓으세요. 그리고 업무 중이었다면 하던 업무를 계속하고, 교재 연구를 하는 중이었다면 하던 교재 연구를 계속하세요. 무례한 상대의 말을 계속해서 성의 있게 들으면 정신 건강에 아주 해롭습니다. 비정상적인 상황에서는 곧이곧대로 하지 말고 유연하게 대응하세요.

그리고 학부모나 보호자는 교사의 교육활동에 대해 의견을 표시할 권리가 있다고 생각하면, 어떤 연락이 와도 마음이 조금 편안해집니다. 학부모는 의견을 말할 권리가 있고, 교사는 교육활동을 결정한 권한이 있는 것입니다. 교사가 자신에게 결정권이 있으니 여러 의견을 경청하겠다고 마음을 먹으면 조금 더 편안해집니다. 결정은 내가 하니까 다른 사람의 의견 정도는 들어주고자 하는 여유가 생기기 때문입니다.

덧붙여서 교사에게 무례하게 공격하는데 통하지 않으면 어떤 사람은 교사들을 이간질하기도 합니다. 다른 선생님이 뒤에서 선생님을 나쁘게 말하는데 선생님은 그걸 모르고 상대에 대해 좋게 말하고 있다, 다른 선생님이 뒤에서 선생님 흉을 보는 걸 알아야 한다, 뭐 이렇게 말하는데요. 이렇게 우리를 조종하려는 사람에게 휘둘리지 말아야 합니다. 이 점에 대해서는 교사들이 학년 회의에서 미리 휘둘리지 않고 꼭 당사자에게 상황을 확인하고 판단한다고 협의를 해 두면 좋습니다.

교사 상담 노트

- 교사 자신의 경계를 명확히 설정한다.

- 무례한 학부모에게도 일단 정중하게 격식을 갖추어 대한다.

- 민원은 누구에게나 있을 수 있는 일임을 인지하고 차분하게 대응한다.

- 악성 민원인을 혼자서만 상대하지 말고 주변 사람들에게 적극적으로 알리고 도움을 청한다.

- 문제 속에 혼자 매몰되지 말고 주변의 좋은 사람들과 긍정적인 사회적 관계를 많이 맺는다.

- 학부모의 의견을 참고하되 교육활동의 최종 결정권은 교사 자신에게 있음을 기억한다.

02

교과전담교사와 담임교사,
어떻게 하면 잘 지낼 수 있을까요

교사의 고민 1

안녕하세요. 저는 초등학교에 근무하고 있습니다. 올해는 교과전담교사를 맡아서 학생들을 지도하고 있고요. 교과전담교사를 맡으니 담임을 맡을 때보다 부담이 덜하고 좋습니다. 그런데 좋은 일만 있는 건 아닙니다. 담임교사를 맡았을 때는 학생들이 제 말을 잘 들었는데 전담을 맡으니 학생들이 제 말을 잘 듣지 않습니다. 교실 안에서 매시간 크고 작은 일들이 벌어집니다.

담임교사를 맡을 때는 생활지도를 할 시간이 많았습니다. 아침 활동 시간, 쉬는 시간, 점심시간, 창의적 체험활동 시간 등을 활용해서 짬이 날 때마다 생활지도를 했죠. 그런데 교과전담교사는 수업 시간에만 학생들을 볼 수 있습니다. 수업하기도 빠듯해서 생활지도는 엄두도 내지 못합니다. 그래서 학생 간에 문제가 발생하면 매번 고민이 됩니다. 수업을 잠시 제

처 두고 생활지도를 해야 하는지, 아니면 문제해결은 담임선생님에게 맡기고 수업에 집중해야 하는지를요. 후자를 선택하자니 담임선생님이 저를 책임감 없는 교사라고 손가락질할까 봐 걱정됩니다.

그래서 가능하면 제 선에서 문제를 처리하려고 노력하고 있습니다. 그리고 어떤 일이 있었는지만 담임선생님에게 간단하게 말씀을 드리고 있고요.

그런데 어느 날 평소처럼 담임선생님에게 전담실에서 일어난 일을 말씀드렸더니 시큰둥한 반응을 보이더군요. 잔뜩 찌푸린 표정을 보니 괜한 얘기를 했다는 생각이 들었습니다. 저는 제 나름대로 책임감을 느끼고 학생들을 지도하고 있는데 담임선생님의 그런 표정을 보니 속상한 마음이 들었습니다. 이후로는 불편한 얘기는 말하지 않으려고 합니다. 쉬는 시간에도 학생들을 제가 직접 지도하고요.

저는 담임선생님과 잘 지내고 싶습니다. 협력하는 관계 속에서 학생 지도에 서로 도움도 주고받고 싶고요. 이런 제 생각이 너무 이상적일까요? 어떻게 하면 담임교사와 교과전담교사가 긍정적으로 협력할 수 있을까요?

담임교사와 교과전담교사의 역할

우선 교과전담교사와 담임교사가 각각 맡은 역할이 무엇인지 궁금합니다. 그래야 두 선생님의 입장을 알 수 있을 것 같아요.

 고성한   초등 교사는 매해 담임교사 또는 교과전담교사를 맡습니다. 교과전담교사는 특정 학년 또는 특정 학급에서 체육, 영어 등 교과 지도만을 담당하죠. 생활지도보다 교과 내용을 지도하는 데 초점이 맞춰져 있습니다. 반면 담임교사는 한 학급 전체의 교과 지도를 맡습니다. 교과전담교사가 맡은 과목을 제외한 나머지 교과 모두를 가르치고요. 자신이 담당한 학급의 생활지도도 책임집니다.

그러면 선생님은 현재 어떤 역할을 맡고 계세요?

 고성한   저는 초임 발령을 받은 후에 계속 담임교사를 맡았습니다. 주로 고학년을 담당했고요. 올해는 처음으로 교과전담교사를 하고 있습니다. 3학년에서 6학년까지 도덕, 과학, 실과 교과 지도를 맡고 있어요. 보통은 교과전담교사가 한두 과목, 한두 학년 지도를 맡는데 제가 있는 학교는 규모가 작다 보니 여러 교과와 여러 학년 교과 지도를 맡고 있습니다.

중고등학교는 초등학교와 다르죠? 중고등학교에도 교과전담교사와 담임교사 같은 관계가 있나요?

 송승훈   그럼요. 중등에서는 담임을 맡지 않으면 모두 교과전담교사인 셈이죠. 고등학교는 교사 중 대략 50%가 담임이고, 50%가 담임이 아닙니다. 담임이 아니면 다 교과전담교사와 상황이 비슷합니다. 그런데 담임이어도 사실은 자기가 담임을 맡은 반을 빼고는 교과전담교사와 마찬가지예요.

─────────────┤ 상담 1 ├─────────────

교과전담교사와 담임교사의 갈등 해결 방법

두 분 모두 담임교사를 해 보셨을 텐데, 사연처럼 교과전담교사와 갈등이 있으셨나요?

고성한   담임교사를 맡았을 때 전담 선생님과 미묘한 갈등이 있었습니다. 그 해 전담 선생님이 생활지도에 참 열성적이었어요. 전담 시간에 문제가 생기면 그 문제가 해결될 때까지 전담실에서 학생들을 데리고 있었습니다. 다음 수업 시간이 다 되어도 갈등이 풀릴 때까지는 학급으로 학생들을 보내 주지 않았죠. 사실 저는 다음 수업이 있으니 학급으로 그만 보내 줬으면 했습니다. 물론 전담 선생님께서 선의로 그러셨을 거라고 생각합니다. 전담 시간에 있었던 일이니까 본인이 완벽하게 마무리하려고 하셨던 거죠. 그런데 그런 일이 반복되니까 제 마음이 많이 불편했습니다. 혹시라도 학생들에게 큰 문제가 생긴 건 아닐까 조마조마하기도 했고요. 아무런 통보도 없이 학생들을 붙잡고 있으니까 담임교사인 저를 무시하는 것처럼 느껴지기도 했습니다.

그래서 나중에 어떻게 해결하셨어요?

 고성한 한 학기 동안 계속 지켜봤습니다. 제 생각을 말하면 전담 선생님과의 관계가 틀어질까 봐 걱정됐기 때문입니다. 그런데 비슷한 상황이 2학기에도 내내 반복되었습니다. 그래서 2학기 중간에 선생님을 직접 찾아뵙고 대화를 나누었습니다.

먼저, 선생님께 생활지도를 열심히 해 주셔서 감사하다는 말씀부터 드렸어요. 그런데 수업 시간 이후에 생활지도가 이어지니 선생님도 어려우시고 저도 이후 수업에 지장을 받는다고 말했습니다. 다음에는 문제가 발생하면 혼자 해결하지 마시고 저랑 상의해 달라고 말씀드렸고요. 필요하면 저도 생활지도를 돕겠다고 말했습니다. 그 후에는 조금 개선이 되었습니다. 이 일을 통해서 불편하더라도 동료 교사에게 직접 말해야 한다는 걸 깨달았습니다.

송승훈 선생님은 비슷한 경험이 있으신가요?

송승훈　　중등에서는 교과 수업을 하는 선생님이 학급에서 말을 안 듣는 학생이 있을 때, 자기가 해결하지 않고 담임교사에게 "애 좀 어떻게 해 달라."라고 이야기하는 경우가 문제 상황이에요. 또는 "선생님 반이 너무 수업에 집중하지 않아서 제대로 수업할 수 없다."고 항의를 받기도 하지요.

그러면 보통은 어떻게 되나요?

송승훈　　'아, 자기 수업 시간에 일어난 일인데 자기가 알아서 해야지!' 이렇게 속으로 생각할 수가 있고요. 또는 수업에 들어온 교과 선생님에게 너무 미안해서 부끄럽고 당황스럽기도 해요. 그러면 담임교사가 분노해서 자기 반에 가서 그 학생들을 혼내기도 하죠.

묘하게도 중학생과 고등학생은 담임선생님이 하는 말은 좀 듣는 게 있어요. 같은 반이라는 유대 관계가 있어서 그런지, 교과 선생님과 갈등이 있어도 담임선생님과는 어느 정도 대화가 되는 경우가 많아요.

담임교사와 교과전담교사의 협력 방안

제 생각에는 어떤 선생님은 전담 시간에 있었던 일을 자세하게 듣고 싶을 것 같아요. 또 어떤 선생님은 전담 시간은 전담 선생님에게 완전히 맡기고 싶을 것 같기도 하고요. 그러면 어떻게 하는 게 좋을까요?

 고성한　　　저도 그 말씀에 동의합니다. 사람 생각이 다 같을 수 없잖아요. 선생님의 성향을 고려해야 합니다. 어떤 담임교사는 전담실에서 있었던 소소한 일까지 모두 알고 싶어 합니다. 전담실에서 있었던 일들을 살펴보면 반 학생들을 더 잘 이해할 수 있다고 생각하기 때문입니다.

그런데 어떤 선생님은 학급에서 학생들을 직접 지켜보는 것만으로도 충분하다고 생각합니다. 그런 선생님에게는 전담 시간에 있었던 세세한 얘기를 전할 필요는 없습니다. 그래서 먼저 담임선생님이 원하는 게 무엇인지 파악해야 합니다.

선생님들은 어떤 성향이세요?

 고성한　　　저는 두 가지를 적절하게 혼합한 형태면 좋겠어요. 우선 교과전담교사가 사소한 일은 전담실 안에서 자체적으로 해결해 주었으면 좋겠습니다. 가벼운 일까지 담임교사에게 따로 말하지 않아도 괜찮고요. 교과전담교사도 여러 가지 일로 참 바쁜데 작은 일까지 다 말하기는 어렵다고 생각합니다. 담임교사도 마찬가지고요.

다만 큰 사건이 생기면 담임교사에게 꼭 말해 줬으면 좋겠습니다. 큰 사건은 해결하는 데 많은 시간과 노력이 필요하기 때문입니다. 교과전담교사가 혼자서만 문제를 끌어안고 있지 말고 담임교사와 협력해서 문제를 함께 풀어 나가면 좋겠습니다. 큰 문제가 생기면 담임교사가 학부모, 교장과 교감에게도 알려야 합니다. 담임교사가 상황을 정확히 파악할 수 있도록 교과전담교사가 도와주면 좋겠습니다.

송승훈　　　고 선생님과 똑같아요. 자기 수업 시간에 일어난 일은 자기가 해결해야 하는 게 암묵적인 교단의 합의죠. 교과전담교사가 수업에서 어려움이 있을 때 담임교사에게 "함께 문제를 해결하자."라고 이야기해 주면 모두가 좋아하고 반가워하죠.

교과 수업을 하는 선생님들이 문제 상황이 있어도 자신이 학생을 제대로 통솔하지 못했다는 비난을 듣는 게 두려워서 문제 상황을 공개하지 않는 경우가 많아요. 그런데 이러면 그 교실의 문제 학생들이 계속 수업을 방해하게 되어 교실의 평화가 깨지거든요. 다른 학생들이 공부를 제대로 하지 못해서 피해를 보고, 센 척하는 학생들도 수업 시간에 함부로 행동하면서 제대로 배울 기회를 잃어버리게 되죠.

33

교과전담교사가 수업에서 목격한 학생들 간의 위협 행동이나 교사를 향한 무례한 행동, 수업 방해 행동에 대해 담임교사를 비난하지 않는 태도로, 그러니까 함께 문제를 해결하자는 태도로 이야기해 주는 게 가장 좋아요.

고성한 선생님은 먼저 담임교사가 원하는 것이 무엇인지 파악하는 게 중요하다고 말씀하셨는데 선생님 생각은 어떠세요?

 송승훈　　담임교사의 마음은 다 똑같아요. 우리 반 학생들이 서로 화목하고, 교실이 평화롭고, 공부를 잘하는 것이죠. 그래서 우리 반 학생들이 학교 오는 게 즐겁고 좋다고 말하는 걸 모든 담임교사가 바라지요. 이런 공통점이 기본으로 있고, 그다음에 담임교사마다 개인 특성에 따른 차이가 있지요. 여유가 있는 사람과 작은 일에도 불안해 하는 사람이 있고, 학습에 초점을 더 두는 분과 인성에 더 초점을 두는 분이 있지요.

그런데 담임교사가 원하는 것이 무엇인지 파악한다는 게 저는 조금 추상적으로 느껴지거든요. 담임교사와 따로 만나서 직접 물어보면 될까요? 아니면 더 좋은 방법이 있을까요?

　　고성한　　직접 만나서 대화를 나누면 좋습니다. 개별적으로 찾아가서 직접 묻는 것도 좋은데 그렇게 하기에는 시간과 노력이 많이 필요하잖아요. 그렇다면 소모임에서 애기를 하는 것도 좋은 방법입니다. 초등은 큰 학교의 경우 학년 연구실에서 동 학년 선생님들이 자주 모이거든요. 작은 학교의 경우에는 교무실에서 자주 모이고요.

교과전담교사가 학년 연구실이나 교무실을 종종 찾아가면 좋습니다. 동료 교사들을 만나서 이런저런 이야기를 나누면 서로 간에 친밀감이 생기거든요. 이후에 자연스럽게 이야기를 꺼내면 담임교사의 생각을 충분히 들을 수 있습니다.

송승훈　　담임교사에게 "선생님 반은 왜 이 모양이냐?"라고 교과전담교사가 비난하면 어이가 없죠. 그 대화가 바로 문제 상황이 되는 거고요. "제가 문제해결을 하려고 노력할 테니 선생님도 도와주세요."라는 말을 듣는 게 담임교사가 제일 바라는 상황이에요. 그리고 담임교사가 감당할 만큼 적당한 정도로 정보를 전하는 것도 필요해요. 온갖 자잘한 문제까지 다 알려 주면 피로감이 느껴져서 협력하고 싶은 마음이 줄어드니까요.

담임교사와 교과전담교사가 가까워지는 방법

사연을 보내 주신 선생님은 담임교사와 좋은 관계를 유지하고 싶은 것 같아요. 교과전담교사와 담임교사가 좀 더 가까워질 수 있는 방법 한 가지를 알려 주시겠어요?

 고성한　　　기본적인 예의가 중요합니다. 예를 들면, 서로의 시간을 잘 지켜 주는 거죠. 초등은 전담 과목을 전담 교실에서 수업하는 경우가 많습니다. 전담 교실이 학급 교실과 떨어져 있으면 학생들이 이동하는 데 시간이 오래 걸립니다. 그래서 특히 시간에 맞춰서 수업을 끝내 주는 게 중요하죠. 수업을 늦게 마치고, 또 학생들이 돌아오는 시간도 늦어지면 이후 수업하는 데 지장이 생기거든요. 한두 번은 이해할 수 있겠지만 반복적으로 시간이 늦어지면 누구라도 달갑지 않을 겁니다. 그렇게 서로 간에 작은 서운함이 쌓이면 이후에 큰 갈등으로 번질 수 있습니다. 기본적인 것만 잘 지켜 준다면 최소한 서로 관계가 크게 틀어질 일도 없습니다.

송승훈　　　담임교사가 자기 반의 문제를 감지하면 다른 교과 선생님들에게 찾아가서 물어보는 것도 필요해요. 그 교과 선생님이 수업에서 괴로움을 겪고 있는데 말을 안했을 수가 있거든요. 만약 어떤 학생이 위협적인 행동을 할 때는 모른 척하지 말고 불편한 기색을 내 달라는 협력 요청을 할 수 있고요. 학생들이 수행평가를 잘 내고 있는지, 안 내는 학생들 명단을 미리 알려 달라고 할 수도 있지요. "왜 선생님은 학생들을 장악하지 못해요?" 하는 태도만 아니면 대화가 더 좋아집니다.

담임교사가 과목의 수행평가 제출을 점검하고 수업 방해 학생들에게 관심을 두고 지도하면, 교과 수업에 들어오는 선생님은 그 반 담임교사에게 고마워하게 됩니다. 교과 수업에 들어오는 선생님은 그 반에서 수업하면서 알게 된 생활지도의 문제 상황을 담임교사에게 가끔 알려 주면 담임교사가 고마워하고요.

교과전담교사와 담임교사가 적절한 선을 지키면서 관계를 잘 유지할 수 있다면 다행이지만 그렇게 간단할 것 같지는 않거든요. 예를 들어, 전담 교실에서 학생이 문제를 일으킬 수도 있고요. 그럴 때 교과전담교사가 담임교사와 어떤 방식으로 대화를 나누면 좋을까요?

 고성한　　　먼저 학생들의 생활에 대해서 가벼운 질문으로 시작합니다. 처음부터 문제행동을 일으킨 학생을 비난하는 방식으로 대화하는 건 곤란합니다. 교과전담교사가 학생을 비난만 하면 담임교사가 반감을 보입니다. 담임교사가 자신이 평소에 학생 관리를 제대로 못 해서 문제가 생겼다는 식으로 받아들이기 때문입니다. 그러면 방어적인 자세를 갖게 되고 마음도 닫히게 됩니다.

두 번째로는 담임교사의 이야기를 충분히 들어 보는 게 중요합니다. 담임교사를 통해 교실에서 문제를 일으키는 학생에 관한 충분한 정보를 얻을 수 있습니다. 학생 배후에 있는 가정환경을 알게 되면 문제를 일으키는 원인과 해결책을 좀 더 자세히 파악할 수 있습니다.

세 번째로는 교과전담교사가 수업 시간에 자신이 느낀 바를 솔직하게 이야기하는 것도 좋습니다. 머리를 맞대고 솔직하게 이야기를 주고받다 보면 문제해결의 실마리를 함께 발견할 수 있습니다.

담임교사와 그 학급에 수업을 들어가는 교사가 어떤 방식으로 대화를 나누면 좋을까요?

송승훈 　학생 1명이 수업에서 문제행동을 할 때, 교사 1명만 거기에 대응하면 제대로 지도가 되지 않습니다. 교사 3명 이상이 함께 대응해야 그 학생의 문제행동이 바로잡힐 가능성이 커집니다. 교사가 학생과 일대일로 충돌하면 엄청난 피로와 스트레스가 밀려옵니다. 교사 1명이 문제 학생 1명을 지도할 수 없고, 교사 여럿이 협력해야만 문제 학생을 바로잡아 줄 수 있다는 관점이 교사들에게 꼭 필요합니다.

교사 상담 노트

- 기본적인 예의를 지키기 위해서 서로의 수업 시간을 최대한 지켜 준다.

- 서로가 원하는 협력 방식을 직접 묻거나 소모임에서의 대화를 통해 파악한다.

- 담임교사와 교과전담교사는 경쟁자가 아닌 협력 대상임을 기억한다.

- 각자 문제해결을 위해 노력하며, 필요한 경우 상대방에게 도움을 요청한다.

- 문제행동을 하는 학생이 있다면 동료 교사와 의견을 주고받으며 일관된 방식으로 지도한다.

03

예의 없는 동료와 실망스러운 선배, 인간관계가 힘들어요

교사의 고민 1

처음 교직 생활을 시작했을 때 친해진 선배가 있었습니다. 저는 제 남자 친구 얘기도 할 정도로 마음을 터놓았는데 나중에 알고 보니 그 선생님은 그냥 놀 사람이 없어서 놀아 준 거였다는 식으로 다른 선생님에게 말하고 다녔더군요. 이런 일을 겪고 나니 마음의 문을 닫게 되더라고요. 특히 공립에 계신 선생님들은 엄청 친하게 지내다가도 학교를 옮기면 쌩~ 하고 가 버리고 연락도 잘 안 하고 한다더군요.

몇 번 상처를 받았지만 저는 사립에 있고 동료 교사들과 서로 위하며 마음을 터놓고 지내고 싶어요. 학교 운동장에서 다 같이 모여 캠핑하면서 아이들은 아이들끼리 놀고 교사들은 교사끼리 친목을 다지면 좋겠다는 희망 사항도 갖고 있답니다. 나이가 들수록 다들 일은 안 하려 들고 하는 사람에게만 일은 더 몰리고……. 서로 좀 위하고 살면 안 되나요? 사립이라 매일 제 가족보다도 더 많은 시간을 함께 보내는 사람들인데 이렇게 삭막하니 참 답답합니다.

나중에 제가 혹시 교감, 교장이 되더라도 지원해 줄 사람이 없으니 학교의 미래가 안 보이고, 학교를 벗어나 해외로 갈까 장학사로 나갈까 하는 생각도 해요. 그런데 그것도 쉬운 건 아닙니다. 다 같이 으쌰으쌰 하면 일이 많아도 마음은 행복할 텐데, 저와 같은 마음이었던 분도 이제 지쳐서 변하는 모습을 보면 안타까워요.

───────────────── ┤ 공감 ├ ─────────────────

사람에게 실망할 때

나에게 잘 대해 주던 사람이 뒤에서는 나를 얕보는 이야기를 해서 속상하다는 사연은 꼭 학교에서만 일어나는 일은 아니죠. 어느 직장이든 비슷한 일이 있겠다 싶어요. 송승훈 선생님은 이 사연을 어떻게 들으셨나요?

송승훈　　　누구나 비슷한 경험이 있겠죠. 내가 마음을 터놓고 지내는 상대가 뒤에서는 나에 대해 별것 아니라고 말했다는 소리를 들으면, 누구라도 마음이 상하고 서운하죠. 영화나 드라마에서 많이 나오는 소재이기도 한데, 그만큼 이 사연은 우리 주변에서 흔히 보는 장면입니다.

41

저도 비슷한 경험이 생각나려 하네요.

 송승훈　　　사연 속 선생님처럼 저도 사립학교에 있잖아요. 사립은 학교를 떠날 수 없고, 오래 그 학교에서 근무해야 하지요. 그래서 동료에 대해 실망하면 조금 더 힘들죠. 공립학교 선생님들은 동료 관계가 어려운 사람이 학교에 있으면 "내년에는 다른 학교로 옮겨야겠다."라는 식으로 말을 하는데, 그 말이 저에게는 문화 충격으로 다가왔어요. "나는 학교를 못 옮기는데, 저렇게 학교를 옮길 수 있구나."

나이가 들면서 일을 안 하려 하고, 하는 사람에게만 일이 몰리는 문제는 사립학교나 공립학교나 마찬가지예요. 사립에서 그 고통이 조금 더 크게 다가오는 것은, 오래도록 그 사람을 보아 왔기 때문이에요. 한때는 문제의식을 함께 가졌던 동료가 시간이 지나며 현실에 물들어서 자신이 비판하던 사람에 가깝게 변하는 모습을 보면 안타까울 수밖에 없지요.

고성한 선생님은 공립학교에 계시지요? 선생님은 이 사립학교 선생님의 사연을 어떻게 들으셨나요?

고성한　　　공립학교는 최소 1년에서 최대 5년까지 한 학교에서 근무합니다. 아무리 학교가 좋아도 만기가 되면 다른 학교로 전근을 가야 하죠. 이게 매번 참 쉽지 않습니다. 적응할 만하면 떠나야 하거든요. 교실, 동료, 학생, 학부모 모두 새롭게 바뀌죠. 저처럼 익숙한 걸 좋아하는 사람에게는 더욱 부담스러운 일입니다.

고 선생님은 자의든 타의든 학교를 계속 옮겨야 하잖아요. 학교를 옮길 때 특별히 고려하는 점이 있으신가요?

 고성한　　　제가 개인적으로 중요하게 생각하는 건 동료입니다. 새롭게 옮길 학교에 소통하고 지낼 수 있는 동료가 있는지 가장 먼저 따져 보죠. 쉽게 말해서, 제가 기존에 잘 알고 있는 믿을 만한 분이 옮길 학교에 있는지 살펴보는 거예요.

학교마다 운영 방식이나 세부 지침 등이 매우 달라요. 그래서 어느 정도 경력이 있어도 새로운 학교는 늘 부담스럽습니다. 그때 믿을 만한 동료가 한 명만 있어도 비교적 수월하게 적응할 수 있어요. 세세한 일까지 편하게 물어볼 수 있으니까요. 반대로, 새로운 학교에 왔는데 아는 사람까지 아무도 없다면 참 난감하죠.

기존에 잘 알던 분을 새로운 학교에서 만나면 정말 의지가 될 것 같아요.

 고성한　　　네, 의지가 많이 됩니다. 사연 속 선생님도 믿음직한 동료라고 생각해서 서로 마음을 나누면서 소통도 했잖아요. 그런데 그 선배가 뒤에서 선생님 뒷담화를 하고 다녔다고 하니 참 당황스럽고 속상했을 겁니다. 선생님이 얼마나 서운했을지 가늠조

차 안 되네요.

인간관계가 서운할 때 푸는 방법

그러면 고민을 어떻게 풀어 갈지 해결 방법에 관해 이야기를 들려주세요. 먼저 앞
에서는 나에게 잘 대해 주고 뒤에서 내 흉을 보는 사람이 있어서 속상한 상황은 어
떻게 해야 할까요?

송승훈   제 말이 이상하게 들릴 수 있는데, '뒤에서는 내 욕을
할 수 있다.'라는 대범한 마음가짐이 필요해요. 언젠가 후배 교사
가 속상한 표정으로 어떤 선생님이 뒤에서는 제 흉을 본다고 알
려 주더라고요. 그래서 제가 말했죠. "저도 뒤에서 다른 사람의 흉
을 볼 때가 있어요. 저는 제 앞에서 제가 하는 일을 노골적으로 방
해하지 않으면 다 괜찮아요. 그러니 뒤에서 누가 제 흉을 볼 때 그
내용을 제게 전하지 말아요. 그냥 내버려 두세요. 거기에 선생님이
동참만 하지 않으면 돼요."
우리 모두 뒤에서 누군가에 대해 흉을 보지 않나요? 이것은 자연
스러운 인간 집단의 모습이에요. 내가 뒷담화를 당하는 쪽이면 마
음이 상하는데, 내가 뒷담화하는 쪽이면 의외로 특별한 게 아님
을 알게 됩니다. 그리고 뒤에서 내 흉을 본 사람은 별생각 없이 말

44

했는데, 그 말이 나에게 전해질 때는 맥락이 달라져서 심각하고 무거운 말로 전달되기도 해요. "선생님, 그 선생님과 친하다면서요?" 이렇게 누가 물어보길래 가볍게 농담을 섞어 "아이, 그냥 그 선생님이 친구가 없어 보여서 놀아 준 거지." 하고 말을 받았는데, 그 옆에 있던 사람이 그 가벼운 대화를 진지한 대화로 잘못 알아 듣고 내용을 전할 수도 있어요.

이렇게도 볼 수가 있군요. 하긴, 저도 제 말을 다른 사람에게 전하는 것 때문에 오해받은 적이 있었는데, 그때가 기억나네요. 또, 이 선생님은 같은 학교에서 친하게 지내다가 학교를 옮기면 연락이 소원해지는 사람들에 대해서도 가슴 아파해요.

송승훈　　　같은 학교에 있을 때는 친하게 지내다가 학교를 옮기면 연락을 잘 안 하는 경우가 많이 있지요. 제 생각에는 성인의 인간관계는 이게 당연합니다. 학교를 옮기면 거기서 새로 만나는 사람들이 있잖아요. 그런데 그 전에 있던 학교에서 친하던 사람들과도 계속 연락하면, 일상에서 연락해야 하는 사람이 너무 많아져서 그 모든 관계를 유지하는 것 자체가 너무 부담스러워져요. 어른의 인간관계는 함께 일할 때 가까웠다가 일하는 자리가 달라지면 멀어지는 게 당연합니다. 가끔은 이게 쓸쓸하게 느껴지지만, 우리가 일상에서 친하게 지내며 소통하는 사람의 수는 한정될 수밖에 없기에 자연스럽게 받아들여야 합니다.

길게 인생을 함께 가는 인간관계를 바란다면 학교 안에서 가치와

45

뜻을 함께하는 사람들과 공부 모임을 만들어야 합니다. 같은 방향을 바라보며 함께 공부하고 노력한 사람들과는 물리적인 거리가 멀어져도 늘 마음 한편에 상대를 생각하고, 가끔 연락하며 관계를 끊지 않고 이어 가게 됩니다. 학교 바깥에서 교사 모임이나 연구회에 참여해도 길게 가는 인간관계를 얻을 수 있어요.

이 고민을 어떻게 풀어 가면 좋을까요? 고 선생님의 해결 방법도 궁금합니다.

 고성한　　　믿었던 사람에게 상처받고 마음이 매우 어려운 상태입니다. 그럴 땐 아무것도 하기 싫죠. 그 마음을 충분히 이해합니다. 우선은 상처받은 마음을 충분히 돌아보고 정리할 시간이 필요합니다. 그렇다고 계속 무기력하게만 있어서는 안 됩니다. 마음이 어느 정도 회복되면 다시 새롭게 도전을 해야 합니다.

현재 학교에서 마음을 나눌 수 있는 사람을 다시 찾아보는 거죠. 용기를 내서 주변을 천천히 둘러보면 마음을 나눌 사람이 또 있을 겁니다. 그런 동료 교사를 잘 찾아서 서로 긍정적인 상호작용을 한다면 좋겠습니다.

학교 안에 마음이 잘 맞는 사람이 없을 수도 있잖아요. 그럴 때는 어떻게 하면 좋을까요?

 고성한　　　물론 그럴 수 있습니다. 그럴 땐 시야를 넓혀야 합니다. 학교 밖에서 찾아보는 겁니다. 저도 개인적으로 학교 밖 교사 모임에 참여하고 있는데, 모임 안에는 유·초·중등의 다양한 선생님들이 있어요. 그 선생님들과 짧게는 1년, 길게는 10년 넘게 교류를 하고 있는데, 선생님들과의 만남이 늘 기대됩니다. 그런 동료들과 만나서 환대를 경험하면 정서적으로 회복이 됩니다.

─────────────┤ 상담 2 ├─────────────

학교의 교사 분위기를 협력적이게 하는 법

사연을 주신 선생님은 학교에서 교사들이 동료 의식이 있고 서로를 위하는 관계이기를 바라는데 뜻대로 안 되어서 답답해 하고 계시기도 해요. 어떻게 해야 할까요?

송승훈 　　교사 분위기가 협력적이려면 먼저 학교 구성원이 왜 지금 동료와 협력하고 싶어 하지 않는지 그 이유를 파악해야 해요. 사연을 주신 선생님이 경력이 많은 분들이 쉬운 업무만 맡으려는 분위기가 있다고 하셨는데, 말씀하신 그 지점이 중요해요. 누구는 편하고 누구는 힘들면 사람들이 협력하고 싶은 마음이 없어져요. 교사 사이가 삭막하다면 그 원인이 혹시 업무 배정이 불균형해서 서로 마음속에 앙금이 있지 않은지 살펴야 합니다. "우리는 같은 공동체야."라는 말을 백 번 하는 것보다 학교의 업무를 균등하게 만드는 게 동료와 협력하고 싶은 마음이 생기는 데 훨씬 더 도움이 돼요.

이어서 학교 운영이 특정한 누군가의 말에 지나치게 끌려다녀서 다른 구성원이 화가 난 상태가 아닌지도 봐야 합니다. 어떤 일을 결정할 때 여러 사람의 의견을 듣고, 그중에서 합리적인 것을 선택하면 사람들이 감정적으로 서운하지 않지만, 교장이나 교감이 학교에서 자기와 친한 선생님이 머무는 특정한 교무실에 너무 자주 가서 거기서 오고 간 이야기로 학교의 여러 쟁점이 결정되면 다른 사람들이 마음에 상처가 생겨서 관계가 싸늘해지기도 합니다.

그리고 선생님 한 분 한 분에게 일의 결정권을 주는 것도 중요하고요. 학교 관리자가 학교 운영 방향을 큰 틀에서 제시하고, 실제 일을 진행할 때는 실무 역할을 맡은 사람들에게 결정권을 주어 세세한 결정은 알아서 하고, 그에 따라 책임도 지게 하면 사람들 얼굴에 생기가 돕니다. 반대로 상급자가 사사건건 작은 일까지 간섭하고 통제하면 사람들이 약간 무책임하게 변하는 경향이 있습니다. 어차피 상급자가 다 판단을 내리니 다른 구성원은 생각할 필요가 없고, 그 결과로 책임감도 약해지는 것이지요.

현상에는 어떤 원인이 있기 마련이에요. 우리 학교 선생님들이 서로를 위하지 않는 분위기가 된 원인을 찾아서 그 매듭을 풀어야 합니다.

학교 선생님들의 관계가 좋지 않을 때, 그 원인을 개인에게서 찾는 게 아니라 학교

의 업무 배정과 일을 추진하는 방식에서 찾는 게 공감이 돼요. 사연을 주신 선생님이 '단합이 되는 분위기'를 만들기 위해 가족 동반 캠핑을 하자고도 말씀하셨는데, 적극적인 대안을 생각하는 이분의 태도가 좋게 보여요.

송승훈　　　학교에서 캠핑을 하고 싶다고 했는데, 이건 주의해야 합니다. 사람마다 감수성이 달라요. 직장 동료들과는 분위기 좋은 카페에서 대화를 나누는 게 친목을 다지는 방법으로 좋다고 여기는 사람들이 있습니다. 요즘에는 많이 없어졌는데 예전에는 '교직원 연수'라는 이름으로 연말에 단체로 버스를 대절해서 어디에 가서 술을 먹고 뒤풀이하는 문화가 있었죠. 그때도 이게 단합에 도움이 된다고 좋아하는 사람이 있었고, 반대로 단합에 하나도 도움이 안 된다고 싫어하는 사람이 있었습니다.

어떤 사람은 술자리를 좋아하고, 어떤 사람은 캠핑을 좋아하고, 어떤 사람은 카페를 좋아하는 것처럼 사람마다 취향이 제각각입니다. 그래서 사람들을 잘 살펴서 취향의 교집합을 찾아야 합니다. 참여 부담을 가볍게 해서 미술관에 가서 전시를 보고 맛집에 가서 맛있는 음식을 먹고, 그다음에 걷기 좋은 길을 조금 걷고, 분위기 좋은 카페에서 이야기 나누는 거로 마무리하는 일정도 좋습니다. 영화나 연극, 공연을 봐도 좋아요. 평소의 일상과 다른 경험을 하는 게 핵심입니다.

전체 교직원이 한 집단으로 움직이기보다는 학년이나 부서, 교과에 따라 소집단으로 나누어서 진행하면 사람들이 자기 이야기를 많이 하고 더 친해집니다.

고 선생님은 어떻게 생각하세요?

 고성한　　사연 속 선생님 말씀처럼 모든 동료와 잘 지내려고 노력하는 자세도 필요합니다. 그러나 노력한다고 모두와 좋은 사이가 될 수는 없습니다. 선생님 생각과 비슷하게 학교라는 공간 안에서 사적인 소통을 원하는 사람도 물론 있을 거예요. 그런데 불편하지 않을 정도로 공적인 관계만 유지하고 싶어 하는 사람도 있거든요. 서로의 성격과 성향이 다르고, 삶의 방식도 다르기 때문입니다.

모두가 함께 마음을 나눈다는 게 생각처럼 쉽지 않죠. 그러면 어떻게 해야 할까요?

 고성한　　송 선생님 말씀처럼 결국 마음이 맞는 사람들끼리 소집단을 이뤄야 합니다. 그게 자연스러운 일이죠. 초등학교에서는 큰 학교의 경우 보통 학년 단위로 그런 집단이 형성됩니다. 수업에 대한 고민과 함께 개인적인 삶까지 나누는 소집단이 만들어지는 거죠.

그런데 이런 소집단이 지나치게 강화되면 부정적인 측면도 나타납니다. 간혹 우리 집단만 생각하고, 외부 사람들은 배척하는 예도 있거든요. 그렇게 배척하는 문화가 형성되면 학교 구성원 전체에게 좋지 않은 영향을 줍니다. 그래서 모두가 그런 부분을 항상 주의해야 합니다.

소집단을 이루는 게 자연스러운 일이지만, 집단 외부에 있는 사람을 지나치게 배척하면 안 된다는 말씀이시죠? 소집단도 물론 중요하지만, 학교 구성원 모두가 긍정적으로 소통하는 자리도 필요하잖아요.

 고성한　　그렇죠. 그래서 학교 구성원 전체를 대상으로 한 행사도 종종 있어야 합니다. 다양한 교사들의 필요를 파악하고, 그 필요에 맞게 좋은 행사를 기획하는 거죠. 송 선생님이 앞에서 말씀하신 것처럼 다양한 형태의 행사가 가능할 거예요.

─────────── ┤ 함께 나아가기 ├ ───────────

일상에 지쳐서 개혁 의지를 잃어 가는 동료

사연을 주신 선생님은 한때 의욕을 불태우던 동료가 일상에 지쳐서 더는 무엇을 해 보고 싶어 하지 않는 현실에도 안타까워하고 계세요. 의욕적이었던 분이 변하는 모습을 보고 학교의 미래가 걱정된다고 말씀하셨어요. 여기에는 어떤 말씀을 해 주고 싶으세요?

송승훈　　젊었을 때 학교를 개혁하자고 마음을 나누었던 동료가 나이가 들고 경력이 많아지면서 일상에 지쳐 그 의지를 잃어가는 모습을 볼 때가 있습니다. 나이에 따른 위계 문화가 있는 한국 사회이기에 나이가 많아졌으니 대우해 달라는 뜻에서 쉬운 업무를 맡겠다고 하기도 하고요. 또는 신체 능력이 약해지면서 내적으로 위축되어 현실을 바꾸어 보겠다는 마음이 사그라들기도 합니다.

이때는 작은 성공 체험이 필요합니다. 예를 들면, 어느 정도 노력을 들여서 학교의 업무가 더 효율적으로 되면 그 작은 성공에서 사람은 생의 활력을 얻게 됩니다. 누가 좋은 수업 사례를 배워 와서 그 내용을 나누고 같이 실천해서 학생들이 잘 배우는 모습을 보고 보람을 느껴도 좋습니다. 사람은 보람이 있으면 힘이 나는 존재입니다. 사람에게는 의미를 추구하는 영성이 있지요.

학교는 교육기관이라 여러 정부 부처에서 좋은 말이 참 많이 내려옵니다. 역설적으로 교사들은 좋은 말에 약간 지쳐 있고, 하도 많이 들어서 좋은 말에 무감각해지기도 합니다. 좋은 말을 계속 듣는데 현실에서 부조리한 부분은 시간이 지나도 고쳐지지 않을 때는 좋은 말에 피로감이 느껴지기도 하지요. 지친 동료를 일으키려면 삶의 활력을 되찾게 하는 기획이 필요합니다. 삶의 활력은 작은 성공을 경험하는 데서 얻어집니다.

의욕을 잃어버린 사람에게 활력을 주는 기획이 필요한 것이군요. 작은 성공의 경험 이외에 선생님들이 활력을 얻는 다른 방법은 또 어떤 것이 있나요?

송승훈 　　학교 안 학습공동체를 만들어 함께 좋은 글을 읽고 대화를 나누면 좋아요. 사람들이 모여서 그냥 이야기를 나누면 현실의 부정적인 면을 헤집고 비판하는 대화에 머무르기 쉽습니다. 현실을 비판하는 대화는 어느 정도까지는 속이 후련한 느낌이 들어서 좋은데 현실의 문제를 해결하는 데까지 이르지는 못하면 시간이 지나면서 공허함이 찾아옵니다.

비판은 좋은데 비판만으로는 현실이 달라지지 않습니다. 현실을 더 좋게 만든 건설적인 사례와 방법을 알고, 자기 현실에서 무엇인가를 더 낫게 변화시켜야 마음이 후련해집니다. 학습공동체에서 함께 책을 읽고 이야기를 나누면 비판에 너무 빠지지 않고 생산적인 이야기도 함께 나누게 되어 좋습니다. 학교를 변화시킨 사례가 소개된 책을 읽거나, 사람의 마음을 잘 탐색한 소설을 읽거나, 교육에 대해 깊은 사유를 담은 책을 읽고 대화를 나누면 부정적인 현실을 한탄하는 데서 대화가 멈추지 않고 긍정적인 현실로 바꾸어 보자는 활력 있는 대화가 될 가능성이 커집니다.

혼자 고민을 싸안고 있지 말고, 책이나 인터넷, 현실에서 학교 분위기를 좋게 바꾸는 데 성공한 사례를 찾아서 선생님의 학교에 적용해 보세요. 그러면 선생님 주변에 사람이 생길 겁니다.

고 선생님은 학교에서 불합리한 일을 겪은 적 있으신가요?

 고성한 　　학교에서 생활하다 보면 간혹 불합리한 일을 겪습니다. 열심히 일하는 사람에게 일이 더 많이 맡겨지고, 젊다는 이유로 상대적으로 일을 더 많이 맡는 경우도 있습니다. 사연 속 선생님이 어떤 말씀을 하시는지 저도 충분히 이해합니다.

저도 비슷한 일을 종종 경험했습니다. 성실하고 일 처리를 잘하는 동료가 있었는데, 본인이 원치 않았음에도 그 동료가 부장 교사를 맡아서 중책을 수행하게 되더라고요. 다른 교사와 비교했을 때 그 선생님의 업무량만 매해 계속 늘어났고요. 그런 불합리한 상황이 매년 지속된다면 학교에 공식적으로 문제를 제기해야 합니다. 학교 문화를 합리적인 방향으로 바꿔 나가기 위해서 의견을 내야 하죠.

불합리한 상황을 바꿔 나가는 노력이 중요하겠군요. 그런데 문제를 제기해도 받아들여지지 않는다면 어떻게 해야 할까요?

 고성한 일부 학교에서는 그런 좋지 않은 문화가 오랜 시간 고착되어 있습니다. 아무리 문제를 제기해도 단기간에 변화가 나타나지 않죠. 그럴 땐 당연히 조바심이 생기고 화도 납니다. 그래서 앞에서 말씀드린 것처럼 장기적 관점으로 접근해야 합니다. 단기간에 무언가를 전부 이루려고 하기보다는 천천히 작은 부분이라도 조금씩 바뀔 수 있도록 해야 하죠.

한편 불합리한 일을 바꿔 나갈 때 주의해야 할 부분도 있는데요. 불합리한 일, 그리고 관련된 사람을 서로 분리해서 생각해야 합니다. 당연히 관련된 동료들에 대한 원망이나 미움이 커질 수 있습니다. 하지만 사람에 대한 미움은 최대한 버리려고 노력해야 합니다. 즉, 불합리한 일과 관련해서는 적극적으로 문제를 제기해야하지만 관련된 사람 자체는 미워하지는 말아야 한다는 겁니다.

관련된 사람을 미워하지 않아야 한다고 하셨는데, 구체적으로 말씀해 주실 수 있으신가요?

 고성한   물론 특별한 이유 없이 본인만 일을 적게 하는 교사가 미울 수 있습니다. 또는 업무를 민주적으로 나누지 않는 학교 관리자에 대한 반감이 생길 수도 있고요. 하지만 좋든 싫든 그들과 현장에서 얼굴을 맞댄 채 오랜 시간 함께 지내야 합니다. 학교 자체가 결코 혼자서는 생활할 수는 없는 구조거든요. 서로의 일이 얽히고설켜 있어서 끊임없이 서로에게 일을 부탁하고, 또 부탁받으며 지내게 되죠. 그런 상황에서 동료와 껄끄러운 관계가 되면 참 곤혹스럽습니다. 상대방에게도 그렇겠지만 특히 스스로에게도 그렇죠. 그래서 자신을 위해서 가능하다면 사람 자체는 미워하지 말고 최대한 이해하도록 노력하라는 말입니다.

그런데 가만히 있으면 상대방을 이해하기 힘들어요. 그 사람을 이해하기 위해서는 자신의 처지가 아닌 그 사람의 관점에서 문제를 바라봐야 합니다. 먼저 교장의 입장에서 생각해 볼게요. 학교에도 분명히 상대적으로 중요한 일이 있어요. 꼼꼼하게 일 처리를 해야 하는 일도 많고요. 그런 일을 꼼꼼하지 않거나 성실하지 않은 사람에게 맡기기는 어렵습니다. 매번 실수가 발생하면 서로 곤란하잖아요. 그러다 보니 성실하고 일을 잘하는 사람에게 중요하고 어려운 일을 더 맡기게 되죠.

또, 고경력 교사의 경우에는 송 선생님이 앞에서 언급하신 것처럼 신체 능력이 이전 같지 않습니다. 상대적으로 전자 기기 사용이 원활하지 않을 수도 있고요. 그런 분들은 성실하게, 또 최선을 다한다고 해도 같은 양의 일을 감당하기 어려울 수 있습니다. 이런 식으로 타인의 관점에서 이해하는 게 타인에 대한 원망을 줄이고 스스로 마음을 다잡는 데도 도움이 될 거예요.

분명히 불합리한 부분이 있지만, 최대한 이해하려고 노력한다는 말씀이시죠?

고성한   네. 여러 상황에 놓인 분들을 이해하고, 가능하다면 함께 잘 지내야 합니다. 물론 제도적으로 불합리한 부분을 지적하는 것도 필요하지만, 사람 자체를 미워하고 적대시하지는 말아야 한다는 말이에요. 가능하면 사람 대 사람으로 서로 잘 지내 보겠다는 마음을 가져야 합니다.

마지막으로 덧붙이고 싶은 말씀이 있으신가요?

고성한   학교 문화를 바꾼다는 게 생각처럼 쉽지 않은 일입니다. 단기간에 되지 않고, 열심히 노력한다고 해도 생각만큼 학교가 달라지지 않을 수도 있어요. 그러나 지치지 않고 꾸준하게 나아가셨으면 좋겠습니다. 혼자서만 달려가면 금방 지치기 마련이니까, 오래도록 선생님과 뜻을 같이할 동료도 꼭 만나셨으면 좋겠고요.

rrrrrrrrrrrrrrrrrrrrrrrrrr

교사 상담 노트

• 뒤에서는 내 욕을 할 수 있다는 대범한 마음가짐을 갖는다.

• 함께 일할 때는 가까웠지만 일하는 자리가 달라지면 멀어지는 게 당연함을 인식한다.

• 가치와 뜻을 함께하는 사람들과 공부 모임을 만들어 긍정적인 학교 분위기를 조성한다.

• 균형적인 학교 업무 배정 여부와 민주적 학교 운영 여부를 돌아본다.

• 소집단 중심으로 소통하되 종종 자발적 참여를 전제로 한 학교 전체 행사도 마련한다.

• 고착된 불합리한 문화는 문제를 제기하지만 관련된 사람 자체를 미워하지는 않는다.

◇◇◇ 2부 ◇◇◇

학생과의 관계

04

학생과의 관계,
소통이 어려워요

교사의 고민 1

저는 초등학교에서 근무하고 있는 평범한 교사입니다. 올해는 담임을 맡고 있어요. 저는 우리 반 모든 학생과 잘 지내고 싶습니다. 그런데 그게 생각처럼 쉽지 않아요. 최근에 유난히 눈에 밟히는 학생이 한 명 있습니다. 그 학생은 담임교사인 저를 관망하며 행동합니다. 멀리서 제 행동 하나하나를 유심히 관찰하고 있다는 느낌도 들어요. 그런데 막상 제가 가까이 다가가면 휙 돌아섭니다. 제가 하는 말을 거꾸로 따라 하기도 하고요. 제 앞에서는 아예 입을 열지 않을 때도 있습니다. 제 관심을 받고 싶어 하는 것 같긴 한데 소통하기가 쉽지 않습니다.

종종 멀리서 이 학생을 유심히 지켜보는데요. 이 학생도 저를 유심히 바라보고 있는 게 느껴집니다. 이 학생이 다른 친구들과는 다정하게 이야기를 잘 나눠요. 저와 그 학생 모두 서로 잘 지내고 싶어 하는 마음은 비슷한 것 같은데 그게 생각처럼 쉽지 않습니다. 기다리고 있으니 언제든지 오라는 이야기도 해 봤어요. 그렇게 말해도 학생이 제 맘처럼 쉽게 다가오질 않습니다. 마음이 열리는 데 시간이 오래 걸리는가 봐요. 한 해가 가기 전에 관계를 회복해서 잘 지내고 싶은데 그게 가능할까요? 학기말이 다가오는데 안타까운 마음이 듭니다.

교사의 고민 2

선생님과 가까이하고 싶지만 방법을 몰라서 교사를 멀리하는 학생도 있지만, 반대의 경우도 있습니다. 이 학생은 교사인 저와 혼자서만 가깝게 지내려고 합니다. 다른 학생들이 저와 잘 지내는 것을 용납하지 않아요, 교사인 저를 독점하려고 하는 거죠. 저는 우리 반 모든 학생과 두루 잘 지내고 싶습니다. 그런데 그런 제 행동을 보고 이 학생이 질투합니다. 정상적인 학급운영을 방해하는 이 학생을 어떻게 대하는 게 좋을까요?

과거의 상처 때문에 다가갈 수 없다면

첫 번째 사연 속 선생님의 상황 어떻게 보세요?

 고성한   선생님이 이 학생에게 많은 애정을 갖고 계시네요. 교실에서 지내다 보면 미운 행동을 해도 밉지가 않고, 유독 안쓰럽게 느껴지는 학생이 있습니다. 이 학생이 바로 그런 아이 같습니다. 또 선생님이 기다리고 있으니 언제든지 오라고 말씀하셨잖아요. 교사의 말을 거꾸로 따라 하고, 여러 가지로 질문을 해도 좀처럼 입을 열지 않는 학생에게 이렇게 따뜻하게 말하기가 어렵거든요.

선생님은 안쓰럽고, 또 잘 챙겨 주고 싶은데 학생이 쉽게 다가오지 못하고 있습니다. 그 점이 안타깝습니다. 학생이 조금만 다가오면 선생님과 친밀하게 지낼 수 있을 것 같거든요. 선생님의 관심도 듬뿍 받을 수 있고요.

송 선생님은 사연 속 선생님의 상황을 어떻게 보셨나요?

 송승훈   아이에게 "기다리고 있으니 언제든 오라."고 한 선생님의 말이 제 예전 기억을 떠오르게 하네요. 예전에 어떤 선생님이 가르치는 모습이 좋아서 제가 수업 시간에 그 선생님을 가만히 보고 있었어요. 그 선생님이 학생들에게 잘하셨거든요. 저희와 소통하려는 태도가 있었고, 뭔가 학생에게 도움을 주고자 하는 마음이 느껴졌어요. 그 선생님이 늘 하시던 말씀이 "나는 기다리고 있으니 이야기 나누고 싶거든 언제든 찾아오라."였거든요. 저도 이야기를 진짜 나누고 싶었는데 끝까지 그분에게 찾아가지는 못했어요.

학생이 선생님을 바라보는 시선이 느껴진다면, 그 아이는 선생님에게 좋은 마음을 품고 있고 다가가고 싶은 거예요. 그때 "네가 다가와서 나에게 말을 걸면 내가 잘 대해 줄게."라고 하면 학생은 교사에게 다가가서 말을 걸지 못해요. 이상하게 그래요. 직접 다가와서 말을 걸어 보라고 하면 다가가기가 더 어렵더라고요. 비슷한 학생 몇 명을 제 수업에서도 만난 적이 있어요.

학생이 분명히 선생님을 좋게 생각하는데 그걸 제대로 표현하지 못하고 있다는 생각이 듭니다. 고 선생님은 학생이 왜 그렇게 행동한다고 생각하세요?

 고성한   분명히 선생님을 향한 좋은 감정이 있는데 그걸 제대로 표현하는 방법을 모르고 있습니다. 상대방에게 호감이 있으면 언어적인 표현과 비언어적인 표현으로 그걸 제대로 보여 줘야 하거든요. 아무리 마음이 있어도 상대방은 직접 표현하지 않으면 그 마음을 알 수 없으니까요.

이 학생이 친구들과는 비교적 소통을 잘하고 있는 것 같습니다. 왜 선생님과는 소통이 어려울까요?

 고성한　또래 친구들과 잘 지낸다고 어른과도 잘 지내는 건 아닙니다. 또래를 상대하는 방법과 어른을 상대하는 방법은 매우 다르니까요.

송승훈 선생님은 이 학생을 어떻게 생각하세요?

 송승훈　원래 특별한 감정이 있지 않은 상대에게는 누구나 잘 다가가요. 내가 상대에게 관심이 있으니까 다가가지 못하는 거죠. 이건 어른도 비슷하지 않나요?

고성한 선생님은 학생이 선생님을 좋아하지만 그 마음을 충분히 표현하지 못하고 있다고 말씀하셨는데요. 다양한 이유가 있을 것 같아요. 담임선생님이 어떤 부분을 먼저 생각해 보면 좋을까요?

 고성한　학생이 선생님을 좋아하지만 그 마음을 충분히 표현하지 못하는 이유는 여러 가지 있습니다. 정현종 시인의 〈방문객〉이라는 시를 보면 한 사람을 온전히 이해하기 위해서는 과거, 현재, 미래 모든 걸 따져 봐야 한다는 구절이 있습니다. 시의 내용처럼 학생의 현재 상황을 진단할 때 과거의 경험도 같이 따져 봐야 합니다. 과거에 겪었던 일이 현재 어른과의 소통을 막고 있을 수 있으니까요.

학부모 상담이나 이전 학년 담임선생님과의 대화를 통해서 무언가 실마리를 찾을 수도 있습니다. 혹시나 학생의 과거 상처나 아픔을 알게 된다면, 학생의 현재를 좀 더 잘 이해할 수 있을 거예요.

송승훈 선생님이 생각하시는 또 다른 이유도 있을까요?

송승훈　　그 학생의 성격이나 기질 때문이 아닌가 싶어요. 아까 제가 관심 있어 한 선생님에게 다가가지 못했다는 경험을 말씀드렸잖아요. 그 일은 제가 대학 3학년 때의 일이에요. 군대에 갔다 온 남자 대학생이 수업 시간에 관심 있어 한 선생님에게 찾아가기가 힘들었어요. 그 선생님이 언제든 와서 상담해도 좋다고 늘 이야기하셨는데도 말이에요. 그러니 초등학생이나 중학생, 고등학생은 더 쉽지 않을 거예요. 내향적인 사람에게는 이런 일이 조금 더 힘들어요.

고 선생님은 과거의 경험이 현재에 영향을 준다는 말씀을 해 주셨는데 학생을 지도하면서 혹시 그런 사례가 있었나요?

고성한　　예전에 저희 반에도 사연과 비슷한 학생이 있었습니다. 하는 행동도 굉장히 비슷했어요. 맨날 인상을 찌푸리고 저에게

퉁명스럽게 대답을 했거든요. 기분 좋게 교실에 들어섰다가도 그 학생의 그런 행동을 보면 기분이 확 상했어요.

어느 날 그 학생의 어머니와 상담을 했는데요. 어머니가 과거에 아이에게 있었던 일을 말씀해 주시더라고요. 그 이야기를 들으니 학생이 왜 저를 까칠하게 대하는지, 또 매사에 왜 그리 부정적인지 이해가 되었습니다.

과거의 일을 구체적으로 말씀해 주실 수 있으신가요?

 고성한   학생의 아버지가 심장마비로 일찍 돌아가셨습니다. 어머니가 직장에 다니셨는데 아이와 동생 그리고 아버지 셋만 집에 있을 때 그런 일이 있었습니다. 아버지에게 심장마비 증세가 나타났을 때 아이 둘이 학교에서 배운 대로 심폐소생술을 했어요. 아이들이 애썼는데도 아버지는 결국 돌아가셨죠. 학교에서 배운 대로 심폐소생술을 했는데도 아버지를 살리지 못한 겁니다. 이 학생이 얼마나 속상하고 분했을까요.

어른도 과거에 경험했던 복합적인 감정을 처리하는 게 쉽지 않습니다. 아이니까 더 어려웠을 거예요. 과거에 해결되지 않은 복잡한 감정이 이후 학교생활에도 지속해서 영향을 주었습니다. 그런 상황을 듣고 나니까 평소 행동이 이해되더라고요.

그 학생과 소통의 어려움은 어떻게 해결하셨나요?

고성한   사실 완전하게 해결하지는 못했습니다. 문제 속으로 깊이 들어가지도 못했고요. 저도 대화를 나누며 문제를 깊이 다루고 싶었지만 학기말이 될 때까지 학생이 그만큼 제게 마음을 열지 않았어요.

학부모 상담을 통해 과거 경험을 알게 된 후에도 학생의 차가운 태도는 변하지 않았습니다. 변화가 있었던 것은 학생이 아니라 저였어요. 학생을 바라보는 제 시선이 바뀌었습니다. 전에는 얄미운 행동을 하면 미운 감정이 들었는데 상담 후에는 미운 마음보다는 안타까운 마음이 들더라고요.

수업 시간이나 쉬는 시간에 의도적으로 칭찬도 많이 했습니다. 칭찬을 통해서 학생이 자신 있게 생활하길 바랐기 때문입니다. 괜히 지나가면서 슬쩍 말도 걸었고요. 학기초에는 계속 저를 냉랭하게만 대했는데 학기말에는 조금 편안한 관계가 되었습니다. 과거의 상처를 깊이 다루진 못했지만 그래도 나름 학생과 좋은 소통을 했습니다.

그런 일을 겪으셨군요. 어린 나이에 학생이 받은 상처가 컸을 것 같아요. 퉁명스럽게 대하던 학생이 이전보다 살가워졌다니 다행이고요. 송승훈 선생님도 중등에서 많은 학생을 만나셨잖아요. 기억에 남는 일이 많으셨을 것 같아요.

송승훈   마침 며칠 전에 오래전 담임을 맡아 가르친 학생에게 카톡이 왔어요. 자기 이름을 얘기하면서 기억하느냐고 물었는데,

잘 기억하는 학생이었죠. 고1 담임을 했는데 학기초에 눈빛에 적대감이 한가득했거든요. 눈빛이 왜 저러지 싶었는데, 이 학생이 여러 문제행동을 했어요. 걸핏하면 공격적으로 나오곤 해서 왜 그런지 이야기했는데, 아버지가 어머니를 버리고 다른 여성과 사귀었대요. 그래서 엄마가 너무 불쌍하고 아버지가 미워서, 자기가 망가져서 아버지에게 상처를 주겠다고 했어요. 말할 때마다 얼굴에서 독기가 뿜어져 나왔지요.

아버지와 만나 상담을 하는데 딸이 방황해서 아버지가 속상해 했지요. 나중에 그 학생의 어머니하고도 상담했는데 위축된 모습으로 딸아이를 걱정하는 모습이어서 제가 마음 아팠던 기억이 나네요.

부모가 사이가 안 좋아져서 이혼하는 과정에서 아이들이 상처를 깊게 받기도 해요. 중고등학생이 되어서 부모에게 관심이 없어 보이는 아이도 부모가 싸우거나 배우자 이외에 다른 사람이 생기거나 하면 굉장히 흔들리고 불안정해집니다. 부모에게도 각각의 사정과 사연이 있겠지만, 아이들은 아이들대로 자기 위치에서 상황을 파악하고 격렬히 반응하죠.

그럼에도 친밀해지고 싶다면

교사로 살면서 학생들을 만나고 소통한다는 게 생각처럼 쉽지 않아 보이네요. 다시 사연 속 이야기로 돌아가 보겠습니다. 선생님은 학생과 친밀하게 잘 지내고 싶어 하시거든요. 어떻게 하면 더욱 가까워질 수 있을까요?

 고성한　　　서로 마음이 다른 사람들이 만나서 잘 지낸다는 게 생각처럼 쉽지 않습니다. 교사와 학생 관계도 마찬가지고요. 노력한다고 억지로 해결되는 문제가 아닌 거죠. 하지만 우리는 교사니까 할 수 있는 만큼 노력을 해야 합니다.

먼저 학부모 상담을 통해서 학생에 관한 정보를 많이 얻어야 합니다. 학생이 잘하는 게 무엇이고, 관심이 있는 것은 무엇인지 등을 파악하는 거죠. 상대방에 대해서 잘 아는 만큼 더 깊은 대화를 나눌 수 있으니까요.

또 다른 아이들 앞에서 학생을 칭찬하는 것도 좋은 방법입니다. 교사의 말을 따라 하기도 하고 이상한 행동도 하지만, 학교생활에서 분명히 칭찬할 점이 있을 거예요. 전체 학생 앞에서 잘한 점을 자주 인정해 주고 칭찬해 주면 그 학생도 선생님에게 조금은 더 마음을 열 수 있습니다.

고 선생님이 소통을 위해서 사연 속 선생님이 할 수 있는 활동을 자세하게 소개해 주셨는데요. 학생들이 직접 참여할 수 있는 활동도 소개해 주세요.

 고성한   감정판 활동을 소개하고 싶습니다. 먼저 교사가 학급 게시판에 여러 가지 감정이 적혀 있는 감정판을 붙여 놓습니다. 학생들은 매일 아침 등교하면서 해당하는 감정에 각각 자석을 붙이고요. 수시로 감정이 바뀔 때마다 자석을 바꾸어 붙입니다. 기쁜 순간에는 기쁨에, 슬픈 마음이 들면 슬픔에 자석을 붙여 놓는 거죠. 이 활동을 통해 시시각각 변하는 자신의 감정을 바로바로 친구들과 선생님에게 표현할 수 있습니다.

감정판 활동은 손쉬운 활동이지만 자신의 마음 상태를 친구들과 선생님에게 공유한다는 점에서 의미가 있습니다. 교사가 학생의 감정을 확인하고, 또 그 마음을 고려해서 개개인에게 다가갈 수 있거든요. 감정판이 교사와 학생 사이에서 소통 창구 기능을 해 줍니다.

송승훈 선생님 사연 속 선생님과 학생이 더욱 가까워지려면 어떻게 하면 좋을 까요?

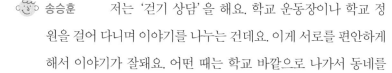 **송승훈**   저는 '걷기 상담'을 해요. 학교 운동장이나 학교 정원을 걸어 다니며 이야기를 나누는 건데요. 이게 서로를 편안하게 해서 이야기가 잘돼요. 어떤 때는 학교 바깥으로 나가서 동네를 한 바퀴 돌면서도 이야기해요.

처음에는 3~4명과 함께 집단 상담을 해요. 일대일이어도 학생들이 보통은 다 말을 잘하는데, 제가 일대일이면 부담스러워요. 교사인 제가 부담스럽다니 조금 부끄럽기도 합니다만, 처음 3월에는 일대일 만남을 바로 하지 않고 모둠으로 만납니다.

학교 끝나고 모둠별로 저와 같이 찻집에 가서 차 한 잔 하고 디저트를 먹어도 좋아요. 제가 먹는 걸 좋아해서 이렇게 하는데요. 제 돈이 들긴 하지만, 찻집에서 이야기 나누다 보면 학생에 대해 여러 가지를 알게 됩니다. 자기 이야기를 어떻게 하는지, 친구의 말을 어떻게 들어주는지, 차를 다 마시고 어떻게 치우는지를 보면서 학생을 알게 되지요.

저희 반에 축구 선수가 두 명 있는데, 새 학기 전에 고깃집으로 불러서 같이 고기를 구워 먹으며 첫인사를 했어요. 그때 학생 선수들이 어떻게 지내는지, 축구부의 감독은 선수들을 어떻게 지도하는지에 대해 알게 되어서 그 후 일 년 내내 축구부 아이들과 잘 지내는 데 도움이 됐어요.

사연 속 선생님에게 더 하고 싶은 말씀이 있을까요?

 고성한　　학생을 향한 선생님의 애틋한 마음이 참 아름답게 느껴집니다. 어떻게 하면 학생과 더욱 친밀하게 지낼 수 있을까 고민하시는 모습도 정말 대단하다고 생각하고요. 선생님이 바라시는 것처럼 학생의 마음이 활짝 열려서 서로 의미 있는 상호작용을 할 수 있으면 좋겠습니다.

그런데 선생님이 노력하셔도 바라는 만큼 성과가 없을 수도 있어요. 아무리 노력해도 학생이 계속 소통을 거부할 수도 있고요. 그렇더라도 상처받거나 좌절하지 않기를 바랍니다. 결과와 관계없이 선생님이 노력하는 모습만으로도 큰 의미가 있다는 말씀을 드리고 싶어요.

송승훈 선생님도 더 하실 말씀이 있을까요?

송승훈　　　아까 말한 학생이 카톡을 보내왔다고 했는데요. 그 학생이 보낸 카톡을 읽어 봐도 될까요?

"안녕하세요. 선생님 저 ○○고등학교 다녔던 ○○○입니다. 기억하세요? 너무 오랜만에 연락 드려 죄송해요. 한 번씩 선생님 생각하고 감사한 마음이 들면서도 연락을 못 드렸어요. 선생님 제가 이제 마흔이 되어 가고 한 아이의 엄마로 살아가다 보니 선생님께서 얼마나 많은 관심과 사랑으로 절 지도해 주셨는지 알 것 같아요. 그때도 감사한 부분이 많았지만 지금 돌아보니 더 그런 생각이 들어요. 선생님 너무 늦었지만, 더 늦기 전에 감사한 마음 다시 한 번 전하고 싶었어요. 고등학교 때 저를 잘 지도해 주셔서 감사합니다. 덕분에 저 지금 바르고 성실하게 잘살고 있습니다. 선생님 늦은 시간에 연락 드려 죄송해요. 그럼 늘 건강하세요."

햇수를 따져 보니 22년 전에 만난 제자더라고요. 몇 년 전 같은데 시간이 참 빠르네요. 학기초에 방황하던 이 학생은 봄이 지나면서 안정이 되어서, 그 뒤에 잘 지냈어요. 눈빛도 순해지고요. 똑똑하고 당찬 아이였지요.

선생님들에게 드리고 싶은 말씀은 "모든 게 변한다."라는 것입니다. 지금 눈앞에 있는 어려운 학생도 시간이 지나며 어떤 방향으로든 달라집니다. 사람은 다 살려고 애쓰는 본능이 있으니까요. 학생이 자기 회복을 하는 데 교사가 도움을 주면 좋습니다.

┤ 상담 2 ├

안정적으로 관계 재정립하기

지금까지는 가까이하고 싶지만 방법을 몰라서 교사를 멀리하는 학생에 대한 고민을 다뤄 봤는데요. 반대로 선생님과 혼자서만 가깝게 지내면서 독점하려는 학생도 있는 것 같아요. 바로 두 번째 사연 속 이야기입니다. 이럴 때는 어떻게 하는 게 좋을까요?

 고성한　　　사실 이런 경우에는 교사도 참 부담스럽습니다. 우선 학생의 문제를 제대로 파악해야 하는데요. 깊이 대화를 해 봐야 알겠지만 학생이 성장 과정에서 애착 형성에 어려움을 겪었을 것 같습니다. 그래서 자신이 버려질 것 같다는 두려움에 휩싸여 있는 거죠. 대상 주변을 떠나지 못하고 지속해서 머물러 있고요.

이 문제를 풀려면 학생의 가족 관계를 면밀하게 살펴봐야 합니다. 그 후에 교사는 학생이 안정적으로 관계를 재정립할 수 있도록 도와야 합니다.

안정적으로 관계를 재정립한다는 게 무슨 말일까요?

 고성한　　　예를 들어, 과거에 학생과 부모의 관계가 잘못 설정되었다고 생각해 보겠습니다. 어릴 적에 부모 중 일부가 학생을 떠나 버린 거죠. 그렇게 되면 부모와 자녀 사이의 관계가 완전히 틀어져 버립니다. 학생은 이후로 어른인 보호자와 계속해서 비정상적인 관계를 맺게 될 거예요. 그 대상이 미우면서도, 또 그리워지는 거죠. 보호자인 성인이 언제든지 자신을 버리고 떠날 수 있다고 느끼게 됩니다. 이런 경우에 학생이 버림받는 것이 두려워서 교사 주변을 계속 배회할 수 있습니다.

교사는 자신이 과거의 부모처럼 학생을 갑자기 떠나 버리지 않는다는 걸 설명해 주고, 또 직접 보여 줘야 합니다. 말과 행동으로 계속 확인시켜 줘야 하죠. 안정적인 상태에서 충분한 시간 동안 이런 일을 반복하면 학생과 교사의 관계가 편안하게 세워집니다. 이게 바로 안정적 관계 재정립입니다.

안정적으로 관계를 재정립한다는 내용이 인상적이네요. 송 선생님은 학생의 문제를 어떻게 해결할 수 있다고 생각하세요?

송승훈   내 마음에 드는 상대와 이야기했는데 소통이 잘되고, 거기에다가 상대가 나에게 특별히 관심을 보여 준다면 그런 상대의 관심을 독점하고 싶어질 수 있습니다. 중학교나 고등학교에서도 이런 일이 종종 있지요.

사서 선생님에게서 들은 이야기예요. 어떤 학생이 날마다 도서관에 찾아와서 친근하게 대하는데 부담스러웠다고 해요. 날마다 그 선생님에게 찾아와서 여러 이야기를 하니까요. 어쩔 수 없이 밀어내야 하나, 내가 밀어내면 저 외로운 아이는 어떻게 되나, 그럼에도 밀어내지 않으면 교사가 생활이 무너져서 감당이 안 되어서 고민했대요.

또 다른 사례인데요. 비가 오는 날에 우산이 없는 학생을 보고 마침 가는 길이 같은 방향이어서 차에 태워서 집 근처에 데려다주고 우산도 빌려주었어요. 그 학생이 그때 이 선생님에게 감동해서 그 뒤로 밤마다 카톡을 수없이 보내는 거예요. 이 선생님이 이건 문제가 있다 싶어서 카톡에 답하기를 멈추면 '선생님이 답하지 않으니 내가 너무 힘들다.' 라고 학생이 카톡을 보내오고요. 대인관계에 어려움을 겪는 외로운 아이였는데, 어느 날 교사의 친절한 태도가 강렬하게 다가온 것이죠. 안타깝게도 그 선생님은 정신적으로 피폐해져서 병원 치료를 받으셨어요. 아, 이게 남학생이 여교사에게 하거나 여학생이 남교사에게 한 행동이 아니에요. 동성인 학생과 교사 사이에 일어난 일이에요.

학생이 내가 좋다고 찾아오면 반갑게 대해 주지만, 너무 많이 찾아오면 학생이 찾아올 때쯤 일거리를 만들어서 하고 있으면 됩니다. 그렇게 바쁘게 일하는 모습을 보고 상대가 한 박자 멈추게 되지요. 밤에 카톡이 오면 긴급한 내용이 아닌 경우 "밤에 카톡을 보내는 건 예의가 아니니 낮에 말해라."라고 짧게 답하고 더 답하지 말아야 합니다.

그리고 또래 학생들끼리 연결선이 다양하게 생기도록 교사가 지도하는 게 괜찮은 해결책입니다. 이때 연결선이 일대일이기보다는 3~4명 정도로 뭉쳐서 연결선이 생기는 게 안전합니다. 일대일인 경우에 서로에 대한 과도한 집착이 생겨서 문제가 될 수 있어요. 3~4명 정도가 연결되어 있으면 관계가 건강해질 가능성이 큽니다. 수업에서 친구 인터뷰하기나 모둠 활동을 적절하게 활용하여 관계가 생기게 하면 의도가 없어 보이고 자연스러워서 학생들이 편안해 합니다.

빨간약이 아닌 근본적 해결

고 선생님은 충분한 시간을 갖고 학생의 문제를 근본적으로 해결해야 한다고 말씀하셨잖아요. 저도 그 취지를 충분히 이해합니다. 하지만 담임교사는 25명가량의 학생을 지도해야 합니다. 모든 학생에게 개별적으로 많은 시간과 노력을 쏟을 수는 없잖아요. 수업 준비도 해야 하고요. 어떻게 생각하세요?

고성한　　　저도 그 말씀에 전적으로 동의합니다. 그래서 매 순간 고민을 하게 됩니다. 크게 두 가지 선택지가 있는데요. 먼저, 학생의 정서적인 문제 속으로 깊이 들어가서 근본적으로 해결 방법을 찾을 수 있습니다. 둘째로, 빨간 약을 바르고 밴드를 붙이는 것처럼 마음의 문제에 대한 응급 처치만을 반복할 수도 있고요. 둘 다 각각의 장단점이 있습니다. 그래서 교사 스스로 잘 판단해서 선택해야 합니다.

두 가지 경우의 장단점을 설명해 주세요.

 고성한　　　전자는 학생의 문제가 근본적으로 해결된다는 장점이 있습니다. 문제해결 과정에서 교사 자신도 큰 성취감을 얻게 되고요. 또 학생이 같은 문제를 반복하지 않게 되니까 장기적으로 봤을 때 담임으로서도 편해집니다. 후자의 장점은 문제해결에 많은 시간을 소요하지 않는다는 겁니다. 깊이 있는 상담 기술도 필요하지 않죠.

반대로 단점도 있습니다. 전자는 정말 많은 시간과 노력이 필요합니다. 그리고 쌓여 있던 문제를 헤집어서 풀어 놓는 순간 학생이 더 큰 어려움에 직면할 수도 있고요. 후자의 단점은 응급 처치로는 절대로 근본적인 해결을 하지 못한다는 점입니다. 근본적으로 해결이 안 되다 보니까 1년 내내 같은 문제가 반복적으로 일어날 수도 있습니다.

문제를 근본적으로 해결할지, 아니면 일단 봉합만 할 것인지를 교사 개인이 선택해야 한다고 하셨잖아요. 선생님은 어떤 선택을 추천하세요?

 고성한   저는 개인적으로는 문제를 근본적으로 해결하는 방식이 좋습니다. 이전에 시간에 쫓겨서 문제가 드러날 때마다 응급처치하듯 처리를 해 봤는데요. 근본적 해결이 안 되기 때문에 이후에도 문제가 계속 반복적으로 일어났습니다. 한 해가 지난 다음에 돌아보니까 문제를 단순히 봉합하는 데 엄청난 시간과 에너지를 쏟아부었더라고요. 문제를 근본적으로 해결하는 데 쏟을 시간과 에너지와 비슷할 정도로요. 학생과 교사 모두를 위해서 문제를 근본적으로 해결하는 것을 추천합니다.

송승훈 선생님도 추가로 말씀하실 내용이 있을까요?

송승훈   상담 책을 읽는 것도 도움이 되고요. 시집, 소설책을 읽으면 사람을 이해하는 데 많이 도움이 됩니다. 문학에서는 사람의 미묘한 심리, 딱 떨어지지 않는 인간관계의 문제 상황을 있는 그대로 보여 주잖아요. 그래서 요즘 사람들에게 호응받는 김애란, 조남주, 정세랑, 장강명, 최윤영 같은 작가들의 소설을 읽어 보시기 바랍니다.
그리고 정신건강의학과 전문의가 쓴 책들이 여러 권 나와 있는데, 문제해결 방법을 현실적으로 제시해 놓아서 교사에게도 도움이 됩니다. 혼자 책을 읽으면 자기 경험과 관련된 부분 위주로 이해가 되니까, 어느 정도 학생 지도에 활용할 수 있고요. 책 모임에서 함께 읽고 이야기 나누면 훨씬 더 학교에서 써먹을 수 있는 독서가 된다는 말씀을 드립니다.

교사 안에 밝은 기운이 있어야 학생과의 관계 문제를 건강하고 여유 있게 풀어 갈 수 있습니다. 원불교의 마음 공부나 법륜 스님의 명상 수련에 참여해 보는 것도 추천합니다.

교사 상담 노트

- 학부모 상담과 이전 학년 담임선생님과의 대화를 통해 학생 과거 경험의 실마리를 찾는다.
- 학생의 가족관계 문제를 발견했다면 학교에서 안정적으로 관계 재정립을 할 수 있도록 돕는다.
- 학생이 자기 회복을 잘하도록 묵묵히 도움을 주며 기다린다.
- 또래 학생 3~4명 정도가 뭉쳐지고, 학생 간 연결선이 다양하게 생기게 돕는다.
- 시집, 소설책, 정신건강의학과 의사가 쓴 책을 읽으면 도움이 된다.
- 교사 안에 밝은 기운이 있으면 학생과의 관계 문제를 건강하고 여유 있게 풀어 갈 수 있다.

학생의 무례한 말 때문에
상처를 받아요

교사의 고민 1

안녕하세요. 저는 초등학교에서 학생들을 가르치고 있는 교사입니다. 학교에서 학생들을 만나는 일은 행복하지만 종종 당황스럽고 말문이 막혀서 눈물이 핑 돌 때가 있습니다. 그건 바로 학생이 바람직하지 않은 행동을 할 때입니다. 학생이 옳지 않은 행동을 하면 바로 지적해야겠다는 마음이 들어요. 그런데 한편으로는 작은 일을 지적하는 게 괜히 학생에게 트집을 잡는 것 같거든요. 어떻게 대처해야 할지 고민하다 보면 순간 머리가 하애집니다. 결과적으로 학생에게 아무 말도 못 하고 그냥 넘어가게 되고요.

어느 날 종례 시간이었어요. 학생들이 인사를 하고 막 하교하려는 참이었습니다. 다른 반에 가정통신문을 전달할 일이 생각났어요. 집에 가려고 가방을 싸고 있는 학생 한 명을 불러서 다른 반에 가정통신문을 대신 전달해 달라고 심부름을 시켰습니다. 어차피 가는 길이니까 잠깐 들르면 큰 문제가 없다고 생각했거든요. 그런데 학생의 반응이 제 예상과 달랐어요. 갑자기 "아~ 왜요!"라고 하는 게 아니겠어요. 참 당황스러웠습니다. 물론 그 학생에게는 심부름을 시키지 못했죠.

다른 날 수업을 조금 일찍 마쳐서 자투리 시간이 남았습니다. 자유롭게 하고 싶은 걸 하라고 했더니 몇 명이 모여서 보드게임을 하더군요. 시간이 조금 지나서 쉬는 시간이 되었습니다. 보드게임을 하던 학생들이 하나둘 흩어지더라고요. 가만히 지켜보다가 제가 입을 열었습니다.

"다음 시간이 전담 시간이니 보드게임 하던 건 빨리 치우렴." 하고 말이에요. 그랬더니 한 학생이 시큰둥하게 말하더군요. "왜 저 혼자 치워야 해요? 저도 쉬는 시간엔 좀 쉬어야죠!" 하고 말이에요.

수업 시간에 한 학생이 갑자기 비명을 지르더라고요. 그 학생에게 그러지 말라고 말했습니다. 그런데 또 비명을 지르길래 불러 놓고 한마디했어요. "왜 그렇게 소리를 지르니?" 그랬더니 "친구들을 웃기고 싶어서요. 웃긴 게 뭐가 문제예요?"라고 답하더군요.

수학 단원 평가를 본 날이었어요. 시험을 본 후에 채점된 시험지를 돌려주고 결과를 개별적으로 확인하도록 했거든요. 갑자기 한 학생이 제게 왔습니다. 자기가 맞은 건데 선생님이 틀린 거로 채점했다고 말하더군요. 자세히 보니 빨간 색연필이 지워지고 답을 고친 흔적이 있었습니다. 학생이 계속 우기길래 제가 한마디했죠. "기회를 줬는데도 사실대로 말하지 않으니까 선생님이 매우 속상하다."라고요. 그랬더니 학생이 지지 않고 말하더군요. "저도 사실을 말했는데 선생님이 믿어 주지 않아서 속상해요!"라고요.

제가 여린 건지 그럴 때마다 너무 속상해서 심할 때는 눈물이 납니다. 이렇게 당황스럽고 머리가 하얘질 때 어떻게 제 마음을 다스리고 침착하게 말할 수 있을까요?

┤ 공감 ├

사건과 감정 사이에 자리 잡은 신념

사연 속 선생님은 학생의 말을 듣고 바로 슬픈 마음이 든다고 했어요. 눈물이 난다고도 했고요. 이 사연을 듣고 어떤 생각이 드셨나요? 혹시 선생님들도 비슷한 경험이 있으신가요?

 고성한　　　　저도 종종 비슷한 일을 겪었습니다. 저는 예측 가능하고 통제된 학급을 좋아합니다. 그래서 조금 단호하게 학생들을 대해요. 25명가량의 학생과 사고 없이 지내려면 어느 정도의 통제가 필요합니다. 학생들 대부분은 제 말을 잘 따르고요. 그런데 가끔 어떤 학생은 제 말에 강하게 반박합니다.

그 순간 저는 바로 분노가 올라와요. 심할 때는 화가 머리끝까지 올라오기도 하고요. 사연 속 선생님은 학생이 무례한 말을 하면 바로 슬픔이란 감정이 올라온다고 하셨잖아요. 반복되는 상황에서 비슷한 감정을 느낀다는 게 저랑 참 비슷한 것 같아요. 물론 선생님은 슬픔의 감정을 느꼈고, 저는 분노라는 감정을 느꼈다는 게 다르긴 하지만요.

선생님은 어떻게 분노의 감정을 다루셨어요? 고성한 선생님의 이야기가 사연 속 선생님에게도 도움이 될 것 같습니다.

 고성한　　　저는 학생들이 담임교사의 말에 따라 주지 않으면 누구라도 당연히 화가 날 거로 생각했습니다. 어느 날 같은 학년 선생님과 협의실에서 이야기를 나눌 일이 있었는데요. 그 선생님도 비슷한 상황을 종종 겪는다고 하셨습니다. 그런데 그때마다 화가 나지는 않는다고 하시더라고요. 비슷한 상황에서 다들 저처럼 분노라는 감정을 느끼지는 않는다는 걸 깨닫게 되었습니다.

제가 왜 반복적으로 분노라는 감정을 느끼는지 궁금했어요. 상담과 관련된 책을 읽다가 어느 정도 답을 찾게 되었습니다. 사건과 감정 사이에, 비합리적 신념이 존재한다는 걸 알게 되었거든요.

학생들이 제 말을 듣지 않는 건 사건입니다. 분노가 생기는 건 감정이고요. 그 둘 사이에 비합리적 신념이 자리 잡고 있었습니다. 즉, 학생들이 제 말을 듣지 않는 사건이 일어나면 '학생들이 나를 무시한다.' 라는 신념이 자동으로 작동합니다. 그래서 분노라는 감정이 올라오는 거고요. 그런데 이런 체계가 시간이 흐를수록 정교하게 작동합니다. 그래서 신념을 생략한 채 사건에서 감정으로 바로 넘어가는 것처럼 보이는 거죠.

송승훈 선생님도 비슷한 경험이 있으신가요? 선생님은 비슷한 상황에서 주로 어떤 감정을 느끼세요?

송승훈   "어어, 이게 뭐야~" 하는 감정을 느낍니다. "아이, 또 이런 경우를 만나네." 하고 생각이 들죠. 학생이 가는 길에 가정통신문을 전달해 주어도 되는데 쌀쌀맞게 탁 튕기잖아요. 그러면 좀 무안하죠. 학생이 "제가 지금 바쁘게 다른 일을 하러 가야 해서, 죄송하지만 부탁을 못 들어드립니다."라고 예의 있게 말하면 괜찮은데, 사연 속 상황처럼 교사가 인간적으로 함부로 대해진다는 느낌이 들면 언짢을 수밖에 없습니다.

중등에서는 이런 경우가 예전에 많았죠. 담배를 피우다가 딱 걸렸는데, 바로 교사 앞에서 담배를 바닥에 버리고 발로 밟으면서 "저, 담배 안 피웠는데요. 증거 있나요?" 하는 학생도 있고, 교사의 눈앞에서 쓰레기를 바닥에 버리길래 그 행동을 지적하며 주워서 쓰레기통에 버리라고 했는데 "제가 안 버렸는데요." 하기도 하죠. 아주 일부 학생의 경우이지만 교사에게 충격을 줍니다.

고성한 선생님은 분노라는 감정이 자주 올라왔다고 하셨잖아요. 사람들이 나를 무

시한다는 비합리적 신념이 그 안에 숨어 있었고요. 사연 속 선생님은 슬픔이란 감정이 계속 반복되고 있거든요. 그럼, 사연 속 선생님은 어떤 비합리적 신념을 갖고 있다고 생각하세요?

 고성한   선생님 자신이 잘 아실 거예요. 자신을 탐색해 보면 어떤 비합리적 신념이 숨어 있는지 떠오를 겁니다. 제가 생각하기에는 선생님은 스스로 '나는 무능하다.' 또는 ''나는 존중받지 못하고 있다.'라는 비합리적 신념을 갖고 계신 것 같아요.
보드게임을 정리하란 말에 "아, 왜요!"라며 짜증을 내는 학생이 있었잖아요. 그 말을 듣고 선생님 스스로 '나는 무능하다.' 또는 '나는 존중받지 못하고 있다.'라는 신념이 바로 떠오르는 거죠. 내가 무능해서 어린 학생에게 이런 말을 듣는다는 생각도 들고요. 이렇게 무례한 말을 듣는 걸 보니 내가 학생들에게 존중받지 못하고 있다는 생각도 떠오르는 거예요. 그런 생각이 슬프다는 감정으로 이어지는 거죠. 갑자기 눈물도 나고요.

그러면 그런 비합리적 신념을 발견한 후에는 선생님은 어떻게 하면 좋을까요?

 고성한   자신의 신념이 비합리적이라면 나에게 도움이 되는 신념으로 바꿔야 합니다. 그래야 비슷한 상황에서 바로 슬픔이란 감정으로 이어지지 않거든요. 그런데 이런 신념은 단기간에 만들어진 게 아닙니다. 어릴 때부터 지금까지 겹겹이 쌓여서 굳어진 거죠. 그만큼 신념을 바꾸기가 어렵습니다. 충분한 시간도 필요하고요.

송승훈 선생님은 이런 상황에 대해서 어떻게 생각하세요?

송승훈　　　아이들은 사람이니까 부족하고, 모순되고, 그래서 가끔은 못되게 굴기도 한다고 인간관을 세워 두는 거로 저는 제 마음을 다스립니다. 아이들이 다른 사람을 배려하면 좋지만, 많은 학생과 같이 지내다 보면 말을 함부로 하는 학생이 있기 마련이에요. 갑자기 무례한 상황을 만나면 "아, 또 이런 상황이야. 올 게 왔구나." 이렇게 생각해요.

그러니까 현실에서는 이상하고 나쁜 상황이 원래 어느 정도는 일어나는 거라고 먼저 생각을 해두어요. 그러면 비정상적이고 무례하고 당황스러운 상황을 만나도, 현실은 원래 이렇게 이상한 면이 있으니까, 하고 덤덤하게 대할 수 있습니다.

어떤 나쁜 상황에도 교사가 놀라지 않아야, 사실은 많이 놀라지만, 어떻게 해야 그 상황을 바로잡을 수 있을지 행동을 선택해서 할 수 있어요. 담배를 피워 놓고 안 피웠다고 우기는 학생에게는 "그래, 네 생각을 말하고 주장할 수 있지. 선생님이 10초 뒤에 다시 물어볼 테니까, 네가 담배를 피웠는지 안 피웠는지 잠깐 생각하고 대답해." 이렇게 말을 천천히 합니다. 그러면 자기의 뻔한 거짓말에 교사가 흥분하지 않고 평온한 태도인 것에 약간 기세가 꺾

여서 담배를 피웠다고 말하며 거칠게 나가던 태도를 멈추기도 합
니다.

───────────────── ┤ 상담 1 ├ ─────────────────

감정을 억압하지 않고 마음껏 표현하려면

**사연 속 선생님을 보면 슬픔이란 감정조차 스스로 억압하고 있단 생각이 들거든
요. 어떻게 생각하세요?**

 고성한　　　'내가 정말 슬퍼해도 되는 건가?' 이런 식으로 생각
하시는 것 같아요. '교사인 내가 이런 상황에서 슬퍼하면 안 돼.'
라고 감정을 통제하고, 또 억압하고 있고요. 선생님이 자신을 정죄
한다는 느낌마저 들어서 마음이 아프네요.
　　　　　교사라고 항상 온화한 마음만 가져야 하는 건 아닙니다. 교사도
분노, 슬픔, 기쁨을 모두 느끼거든요. 그런데 많은 교사가 감정 표
현을 엄격하게 제한합니다. 초등이든 중등이든 교실 안에서는 혼
자 유일한 어른이잖아요. 모든 학생이 자신을 항상 주목하고 있고
요. 그러니까 매사에 조심하게 되는 거죠. 감정을 그대로 표현하
지 못하고 억압하면서요. 특히 부정적인 감정은 더욱더 통제하게
되죠.
　　　　　감정을 분출하지 않고 억압하다 보니까 여러 가지 부작용이 나타

납니다. 종종 선생님의 머릿속이 하얘지는 것도 그런 이유가 아닐까요? 아이들의 말에 상처받고 슬픈 마음이 들어요. 그런데도 자신의 감정을 억압하려고 합니다. 순간 갑자기 눈물이 쏟아지는 거죠. 이런 상황에 부닥치면 누구라도 당황스럽고 머리가 하얘질 거예요.

고성한 선생님은 사연 속 선생님이 감정을 억압하고 있다는 느낌을 받으신 것 같아요. 송승훈 선생님은 어떻게 생각하세요?

송승훈　　학생이 무례한 행동을 하면 꽤 오래 기억에 남아요. 집에 가서 저녁 먹다가도 생각나고, 밤에 자다가 일어나서도 생각이 나요. 교사 생활에서 힘든 몇 가지 것 중 하나가 무례한 학생의 행동이지요. 보통은 교사가 놀라서 다른 선생님에게 말하지 못하기도 하는데, 주변 동료들과 이야기하면서 감정을 푸는 게 좋습니다.

무례한 행동을 당했을 때 동료에게 말하지 못하는 이유는, 자기가 학생을 통솔하는 데 실패했다는 인상을 동료에게 줄까 봐 걱정하기 때문이에요. 학생이 사람 봐서 무례한 행동을 하지만, 그래도 그게 무례한 행동을 한 학생이 문제지 무례한 행동을 당한 교사가 문제는 아니거든요. 선배 교사하고 이야기하면 선배의 경험에서 나오는 현실적인 해결책을 들을 수 있기도 해요.

고성한 선생님은 감정의 억압에 대해서 말씀하셨는데요. 그러면 어떻게 하는 게 사연 속 선생님에게 도움이 된다고 생각하세요?

 고성한 다양한 감정을 마음껏 표현하는 공간이 필요합니다. 슬픔, 당황스러움, 속상함 같은 감정까지도 마음껏 표출할 수 있는 그런 공간 말이에요. 그 공간은 타인일 수도 있고, 자기 자신일 수도 있습니다.

먼저 안전한 공간에서 편한 사람들에게 감정을 표현하는 연습을 하면 도움이 됩니다. 그런 여건이 안된다면 감정 일기를 쓸 수 있습니다. 감정 일기를 쓰면서 자신이 하루 동안 느꼈던 다양한 감정을 돌아보는 겁니다. 어떤 상황에서 어떤 감정을 느꼈는지 마음껏 표현해 보는 거죠.

그런데 우리가 알고 있는 감정이 생각보다 많지 않습니다. 기쁨, 슬픔 말고도 다양한 감정이 참 많거든요. 이럴 때는 감정 카드를 활용하면 좋습니다. 감정 카드를 활용해서 다양한 감정을 알아보고, 또 표현해 보면 감정 표출에 도움이 됩니다.

감정을 충분히 표현하면 좋겠다고 하셨는데요. 그렇게 하면 어떤 장점이 있을까요?

 고성한 자신의 감정에 이름을 붙여 보는 것만으로도 큰 의미가 있습니다. 감정에 이름을 붙인다는 건 그 감정을 인식하게 된다는 것이거든요. 자신의 다양한 감정을 알게 되면 그 감정을 다룰 수 있게 됩니다. 다양한 감정에 대해서 아는 만큼 내가 현재 어떤 감정을 느끼는지도 더 잘 파악할 수 있게 됩니다.

우리는 이성의 뇌로 감정의 뇌를 억압하려는 경향이 있습니다. 특히 교사들이 더 그렇죠. 감정을 억압하지 말고 감정의 뇌에도 귀를 기울여야 합니다. 즉, 내 마음이 어떤 감정을 느끼는지 순간순간 파악해야 한다는 말이에요. 이런 활동을 할 때, 중간에 스스로 가치판단을 하지 말아야 합니다. 예를 들면 '나는 교사니까 절대로 슬픔을 느끼면 안 돼.' 이런 식으로 생각하면 곤란하다는 거죠.

송승훈 선생님도 추가로 하고 싶은 말씀이 있으신가요?

송승훈　　　제가 새내기 교사일 때, 학교 끝나고 골목에서 담배를 피우는 청소년 무리를 보고 "이놈들~" 했거든요. 그랬더니 그 청소년들이 다 도망을 갔어요. 다음 날 이 이야기를 저보다 10년 위인 선배 이성균 선생님에게 말씀드리는데, 그 선생님이 제게 물었어요.

골목에서 담배를 피우는 학생들에게 어떤 선생님이 가서 "이놈들~" 하면 그 선생님을 밀치고 가고, 어떤 선생님이 가서 문제를 지적하면 "에이~ 그냥 가자." 이렇게 되는데 이 차이가 어떻게 해서 생기는지 아느냐고요.

그때 선배 선생님이 하신 답이, 골목길에서 바깥으로 나가는 길을 가로막았을 때 학생들이 그 교사를 밀치게 된다고 했어요. 학생을 혼낼 때는 퇴로를 열어 두고, 그 학생이 상황을 수습할 수 있는 길이 항상 보이게 해야 한다고요.

퇴로를 열어 준다는 것은 교사가 그 학생을 굴복시켜서 감정적으로 이기려 하지 않고, 그 상황을 수습하고 학생을 가르치려는 태도를 지닌다는 거죠. 마음을 온통 분노에 빠트리지 않고, 약간은 여유 있게 상황을 바라보며 행동하는 모습이기도 하고요.

| 상담 2 |

기본적생활습관을 세세하게 가르치기

사연을 보면 선생님도 학생이 분명히 잘못했다는 것을 인지하고 계신 것 같아요. 또 그럴 때는 학생을 명확하게 지도해야겠다는 생각도 든다고 하셨고요. 그런데 그냥 넘어가게 된다고 하셨거든요. 이 장면은 어떻게 보셨어요?

 고성한　　　선생님의 마음에 충분히 공감합니다. 저도 교실에서 종종 비슷한 일을 겪거든요. 분명히 학생이 잘못한 건 잘 압니다. 그런데 막상 지적하려고 보면 너무 작은 일처럼 느껴질 때가 있어요. 세세한 일까지 지적하는 게 교사 스스로 좀스럽게 느껴지는 거죠. 그런 마음이 생기면 그냥 넘어가기도 합니다. 그런데 돌아서면 또 찜찜해요. '조금 전에 명확하게 언급해야 했는데.' 하고 말이죠. 초등 담임교사는 온종일 반 학생들과 붙어 있습니다. 계속 붙어 있다 보니 학생들의 어긋난 행동이 눈에 많이 들어와요. 그래서 더욱 그런 생각을 많이 하게 됩니다.

송승훈 선생님은 이 장면 어떻게 보셨어요?

송승훈 　　　중고등학교 교사들도 아이들의 자잘하고 큰 잘못된 행동을 늘 보면서 지냅니다. 이 하나하나에 다 예민하게 반응하면 교사의 속이 썩어 문드러지지요. 그렇다고 나쁜 행동을 했을 때 그냥 지나가면 그 학생이 계속 나쁜 행동을 하게 되니까 안 되고, 또 그 모습을 보고 지나쳤기에 그게 교사에게도 찜찜함으로 남아 교사의 자존감을 떨어트립니다.

나쁜 행동은 지나치지 말아야 합니다. 그리고 어떻게 해야 그 학생이 배우게 될까 하는 마음으로 상황을 잘 보고, 그 학생에게 영향이 미치는 방법을 찾아서 가르쳐야 합니다. 만약 교사가 그 학생을 잘 가르치기 어렵다고 느낄 때는 다른 선생님들에게 그 학생의 부적절한 행동을 알려서 함께 가르쳐야 합니다. 그 학생이 자신을 지도하려는 교사가 한 명뿐이라면 계속 무례하게 행동하거나 "왜 선생님만 나를 미워하느냐."고 교사를 정서적으로 공격할 수 있거든요.

교사가 혼자 고민하면 진이 쏙 빠질 수 있어요. 학생 한 명의 부적절한 행동을 바로잡으려면 교사 서너 명이 필요하다는 점을 기억해 주시면 좋겠습니다.

그런데 주목해야 할 부분은 그다음 장면인 것 같아요. 선생님은 너무 치사하다는 생각도 들고, 순간 머리가 하얘져서 아무 말도 못 하고 그냥 넘어간 적도 있다고 하셨거든요. 이 부분은 어떻게 보셨어요?

 고성한　　　저도 이 장면에 눈길이 갔습니다. 선생님은 자신이 너무 치사하다는 생각이 든다고 말씀하셨거든요. 담임교사가 학생 생활지도하는 게 치사하고 잘못된 게 아니잖아요. 그런데 그런 장면에서 스스로 부정적인 마음이 갑자기 올라오거든요. 머리가 하얘져서 아무 말도 못 하고 그냥 넘어가게 되는 일도 있고요.

아까 말씀드린 사건과 신념 그리고 감정의 측면에서 다시 생각해 보려고 합니다. 학생의 그릇된 행동을 보자마자 곧바로 선생님 스스로 치사하고 부끄럽다는 감정이 올라왔어요. 그 둘 사이에 어떤 비합리적인 신념이 있는지 따져 봐야 합니다. 혹시 '나는 마음이 넓은 선생님이 되어야 해.' 같은 신념이 숨겨져 있는 것은 아닐까요.

마음이 넓은 선생님은 작은 일은 지적하지 않고 너그럽게 이해해야 하거든요. 그런 신념이 있으니까 학생의 작은 잘못을 지적하지 않고 그냥 넘어가려고 하셨을 거예요. 그런데 막상 그냥 넘어가려고 하니까 선생님 마음이 불편한 거죠. 그냥 넘어갈 수도 없고, 그렇다고 지적할 수도 없습니다. 그런 딜레마 속에서 선생님 머릿속이 하얘지는 건 아닐까 싶어요. 물론 어디까지나 개인적인 생각입니다. 선생님이 스스로 자신의 마음을 좀 더 깊이 성찰해 보시기를 바랍니다.

송승훈 선생님은 어떻게 생각하세요?

송승훈　　　학교에서 학년 부장 선생님들이 나서서 문제행동을 하는 학생은 교사가 홀로 상대하지 않게 하는 문화를 만드는 게 꼭 필요해요. 사람마다 강한 면과 약한 면이 있듯이, 교사도 탄력성이 좋아서 대인관계 능력이 강한 사람과 타고난 성품이 여려서 외부 충격에 약한 교사가 있어요.

그래서 학년 부장 선생님들이 "학생의 무례한 행동은 선생님 개인의 책임이 아닙니다. 그리고 혼자서 무례한 학생을 가르치기는 너무 어렵습니다. 무례한 행동을 겪으셨을 때 학년 전체에 메신저를 보내거나, 학년 회의에서 꼭 이야기해 주시고 함께 학생을 가르쳐서 인성 지도를 하도록 해요." 이렇게 여러 번 되풀이해서 말씀해 주시는 게 필요합니다.

사연으로 더 들어가 볼게요. 보드게임을 한 학생에게 정리하라고 했더니 "왜 저 혼자 치워요? 저도 쉬는 시간엔 좀 쉬어야죠."라고 말했다고 하셨어요. 이런 경우에는 어떤 지도를 하면 좋을까요?

고성한 　　　초등학교에서 근무하면서 깨달은 게 있어요. 교사가 평소에 당연하다고 생각하는걸 학생들은 아직 잘 모른다는 겁니다. 친구들과 보드게임을 했으면 다 같이 정리하는 게 당연한 거잖아요. 그리고 그중 한 명에게 정리하라고 하면 같이 했던 친구들을 다시 불러서 함께 정리하는 게 맞고요. 거기서 왜 혼자 치우냐고 반문한다는 건 상식적이지 않죠.

그런데 그런 기본적인 것들을 전혀 모르는 학생들이 종종 있어요. 그럴 땐 사실 참 답답합니다. 그래도 담임이니까 기본적생활습관까지 세세하게 가르쳐야 합니다. 보드게임을 했으면 스스로 정리할 줄도 알아야 한다는 걸 차근차근 가르쳐야죠. 예전에는 이런 소소한 것들은 말하지 않아도 학생들이 당연히 알겠거니 하고 넘어갔어요. 그런데 학생들과 오랜 시간 지내다 보니 사연과 같은 일들이 비일비재하게 일어나더라고요.

| 함께 나아가기 |

생활지도를 잘하는 방법

그래서 어떻게 하셨어요?

 고성한 　　　그래서 학기초에 이런 세부 내용을 정리해서 학생들에게 가르치고 있습니다. 기본 생활습관을 정리해서 알려 주는 거죠. 그런데 한 번 가르쳤다고 학생들이 전부 이해했다고 생각하면 안 됩니다. 정말 수도 없이 반복해서 가르쳐야 해요.

교사가 학급 규칙을 직접 정리해서 가르치면 효율적입니다. 규칙을 정하고 가르치는 데 시간이 오래 걸리지 않거든요. 반면에 자신들이 직접 정한 규칙이 아니기 때문에 오래도록 기억하지 못합니다. 스스로 실천하지 않을 때도 많고요.

그래서 학생들이 직접 학급 규칙을 만드는 활동도 병행합니다. 학급 회의 시간 등을 활용해서 우리 반 규칙을 함께 정하는 거죠. 예를 들면, 아침 활동 시간, 수업 시간, 쉬는 시간에 할 수 있는 일과 하지 말아야 할 일을 학급 전체 회의를 통해서 함께 결정합니다. 그렇게 함께 정한 규칙을 교실에서 잘 보이는 게시판에 붙여 놓고요. 이렇게 하면 학생들 스스로 규칙을 좀 더 잘 지키려고 노력합니다. 물론 이런 활동은 시간이 많이 필요하다는 단점도 있어요. 이런 장단점을 보완하기 위해서 교사가 규칙을 정해서 알려 주는 활동과 학생들이 직접 규칙을 만드는 활동을 병행합니다.

송승훈 선생님만의 학생 생활지도 방법이나 요령이 있으세요?

송승훈   학생들이 항상 바른 행동만 하는 것은 아니고, 가끔은 이상할 때가 있다는 관점이 필요합니다. 이렇게 생각해 두면 학생이 부적절한 행동을 하거나 실망스러운 행동을 했을 때, 교사가 정신적으로 흔들리지 않는 데 도움이 돼요.

학교에서 생활하다 보면 교사가 조금만 정신을 놓아도 교실이 엉망이 될 때가 많죠. 그동안 여러 번 말하고 지적했는데 왜 나아지지 않을까 허탈할 때가 있는데요. "원래 이런 거지. 어떻게 몇 번 배웠다고 잘해!" 이렇게 교사가 깊게 생각하지 않고 다시 한 번 더 가르치는 게 좋습니다.

학급에서 공동체 생활을 하는 데는 남에게 피해를 주지 않고, 원활하게 교육이라는 목적을 수행하도록 하는 '규칙'이 꼭 필요하지요. 지각하지 않고, 수업 준비물을 챙기고, 수업 시간에는 떠들지 않고, 자기 공간을 깨끗하게 청소해서 환경을 관리하고, 소외된 학생이 생기지 않도록 챙겨 주는 것들이 학교생활을 하는 데 필요한 규칙들이지요.

저는 학급운영을 부서별로 권한을 나누어 주고, 어느 정도는 학생들이 규칙을 정해서 부서별로 관리하게 해요. 부서별 학급운영 체제*라고 인터넷에 검색하면 간단한 문서가 나오는데요. 부서별로 지각생, 공부와 수업 준비, 수행평가, 행사, 학교 전달 사항을 역할을 나누어 맡아 챙기면 학생들이 편안해 합니다. 각자가 교실에서 어느 정도씩 권한을 나누어 맡아서, 학급 생활에서 스스로 결정하고 운영하고 주도하는 부분이 생기기 때문이에요.

모든 내용을 학생에게 맡기면 안 되고, 교사가 판단해서 이건 학

★ https://blog.naver.com/wintertree91/222255260256

생에게 맡겨도 성공하겠다 싶은 부분만 맡기는 게 요령이에요. 지각생 점검, 청소 역할 나누기와 관리, 학교 전달 사항 알리기, 수업 준비와 공부 챙기기, 학급에서 소외된 학생이 생기지 않게 살피기, 책 읽기 시간에 정숙하기 정도는 학생들이 잘할 수 있습니다. 이렇게 학생들이 학급 생활의 일부분을 맡아서 운영하면 교사가 정신적으로 여유가 생겨요. 그러면 문제 상황에 여유 있게 대처할 수 있습니다.

지금까지 두 선생님의 말씀을 들어 봤는데요. 대부분은 학생들이 잘 몰라서 무례하게 말하거나 행동하는 것 같다는 느낌을 받았거든요. 그런데 학생들이 의도적으로 교사에게 무례한 행동을 할 때도 있을 것 같아요. 그럴 때는 어떻게 대처하면 좋을까요?

 고성한　　　네, 맞습니다. 교사가 지적했는데도 지속해서 무례한 행동을 반복하는 학생도 있어요. 몰라서 그러는 게 아니라 의도적으로 교사에게 반항하는 겁니다. 그런 경우에는 학생이 왜 그런 행동을 하는지 따져 봐야 할 것 같아요.

먼저, 학급 친구들 앞에서 세 보이고 싶은 마음이 있는 거예요. 교사에게 의도적으로 대들면서 친구들 앞에서 자신의 입지를 강화하는 거죠. 두 번째로는 교사가 어떤 사람인지 파악하려는 겁니다. 의도적으로 슬쩍 떠보는 거죠.

이런 경우에 교사가 바로 감정적으로 맞서서는 안 됩니다. 그게 학생이 바라는 행동이거든요. 교사가 인상을 쓰거나 버럭 화를 내는 것도 피해야 합니다. 그리고 모두 앞에서 그 학생을 상대하지 말고, 학생과 단둘이 대화를 나눌 수 있는 공간으로 이동할 필요가 있습니다. 모든 친구가 지켜보면 의도적으로 더욱 거친 행동을 할 수 있으니까요.

잠시 시간을 갖고 학생의 흥분 상태를 가라앉혀야 합니다. 교사도 마음을 차분하게 다스려야 하고요. 서로 충분한 준비가 되면 차분히 둘만의 대화를 나눕니다. 교사는 최대한 감정을 섞지 않고, 친절하면서도 단호한 화법을 사용합니다. 여럿이 있을 때는 센 척하다가도 단둘이 대화를 나누면 대부분은 순한 양이 됩니다. 그 상황에서 차분하게 왜 그런 행동을 했는지 들어 봅니다. 충분히 들은 후에 잘못된 행동을 지적하고요. 그러면 대부분은 대화로 문제를 원만하게 해결할 수 있습니다.

송 선생님은 의도적으로 무례한 행동을 하는 학생은 어떻게 대처하세요?

송승훈 　　　같이 소리가 높아지면 안 돼요. 무례한 행동을 하는 학생은 교사와 큰소리 내며 싸우는 데서 쾌감과 성취감을 느끼거든요. 교사가 소리를 높이면 강해 보이는 게 아니라, 오히려 약해보여요. 그러면 무례한 학생은 기가 살고 배울 기회를 잃어버리죠. 교사를 자극하는 무례한 말을 할 때 "어, 그래." 하는 태도를 유지하고, 반응하지 말고 흔들리지 마세요. 교사가 반응하지 않고, 그렇다고 자기를 공격하려는 마음도 없고, 자기에게 눌려서 맞추려고 하는 모습도 아닐 때 무례한 학생은 그 교사에게는 함부로 대해도 소용없다고 느껴요. 이게 강한 사람의 모습이거든요.

강한 사람이라면 이 상황에서 어떻게 행동할까를 상상하고, 그 행동을 머릿속으로 연습하세요.

마지막으로 사연을 남겨 주신 선생님에게 하시고 싶은 말씀이 있으신가요?

 고성한   먼저 어려움을 구체적으로 나눠 주셔서 감사하다는 말씀을 드립니다. 선생님 사연 덕분에 저도 자신을 돌아보게 되었거든요. 또 이 책을 읽고 계신 선생님들도 스스로 탐색할 수 있는 시간이 되었을 겁니다.

선생님뿐만 아니라 모든 선생님이 각자 교실에서 여러 가지 어려움을 겪고 있습니다. 물론 저도 마찬가지고요. 그런데 교실 속 어려움을 다른 사람 앞에서 온전히 공개하기가 쉽지 않습니다. 부끄럽기도 하고요.

학교에서 지내다 보면 어떤 해에는 동료 교사끼리 자신의 어려움을 스스럼없이 공유합니다. 서로가 마음을 열고 자신의 아픔을 나누게 되죠. 위로도 받고 치유도 경험하고요. 그런데 어떤 해에는 자신의 어려움은 꽁꽁 싸매고 감춘 채 잘하는 모습만 보여줍니다. 전자와는 다르게 후자에서는 어떠한 위로와 공감도 받을 수가 없습니다.

그래서 어떻게 하면 좋은 분위기를 만들어 갈 수 있을지 항상 고민합니다. 그런데 그건 한두 사람의 교사에게 달려 있습니다. 한두 사람이 자신의 어려움이나 아픔을 제대로 내보이면 위로하고 공감하는 분위기가 만들어집니다. 반대로 한두 사람이 자신을 뽐내기만 하면 분위기가 급격히 냉각되죠. 선생님의 솔직한 사연 덕분에 따뜻한 위로와 공감의 시간이 되었습니다. 다시 한번 감사합니다.

송승훈 선생님도 마지막으로 하고 싶은 말씀이 있으신가요?

송승훈 "마음이 가난한 자에게 복이 있고, 천국이 그의 것이다."라는 성경 말씀을 전해 드리고 싶습니다. 이 말에 대한 신학적 해석이 여러 가지가 있는데요. 그중 하나가 생각을 적게 해야 해결되는 문제가 있기에 어떤 상황에서는 생각을 많이 하지 말아야 한다는 뜻이라는 것입니다.

학생의 무례한 언행으로 선생님이 마음의 상처를 받았을 때, 여러 번 반복해서 가르쳤는데도 여전히 교실 물건 정리가 안 되고 어지러울 때, 교사가 계속 그 속상한 감정을 떠올리고 되풀이한다면 지옥에 가까운 고통을 체험하게 될 수 있습니다.

때로 생각을 끊고, 되도록 생각을 적게 해야 해결책이 보이는 문제가 있는데요. 이번 시간에 이야기한 내용이 그렇습니다. 성경만 이야기하니 불교의 명언도 하나 이야기하죠. 무념무상이라는 말처럼 자꾸 어지럽게 생각이 피어오를 때는 그런 자신의 모습을 알아차리고 나쁜 감정이 솟아나게 하는 상황을 생각하지 않으려고 노력하는 것이 좋습니다.

교사 상담 노트

- 사건과 감정 사이에 숨은 신념을 파악하고 합리적인 신념으로 바꾼다.
- 감정을 스스로 억압하지 말고 안전한 공간에서 표출하는 연습을 한다.
- 이상하고 나쁜 상황이 어느 정도는 일어날 수 있다고 편하게 생각하며 담담하게 대처한다.
- 학생의 무례한 행동이 교사 개인의 책임이 아님을 인지하고 동료 교사와 함께 지도한다.
- 학급에서 1년간 지켜야 할 기본 생활습관을 정리하여 학생들에게 반복해서 알려 준다.
- 학생 스스로 규칙을 정하고 부서별로 관리하도록 하는, 부서별 학급운영 체제를 활용한다.

06

수업을 방해하는
학생 때문에 힘들어요

교사의 고민 1

수업 중에 이상행동을 하는 학생 때문에 힘듭니다. 집중을 못 하고 계속 산만하게 떠드는 학생이 있어요. 조용히 하라고 지적해도 얼마 못 가서 또 옆 사람에게 말을 걸고 딴짓을 해요. 그러면 제가 또 지적하게 되고, 이 과정이 몇 번 되풀이되면 왜 자기만 미워하느냐고 해요. 다른 사람도 떠들었는데 자기에게만 뭐라고 한다고 말하는 모습을 보면 어이가 없습니다. 그 학생이 눈에 띄게 딴짓을 했으니까 지적을 많이 하는 건데 자기가 한 일에 대해서는 생각을 못 하는가 봅니다.

교사의 고민 2

대부분 학생이 착한데 가끔은 선을 넘는 행동을 해서 교사인 저를 당황스럽게 하는 학생이 있어요. 학습지를 쓰고 있지 않아서 쓰라고 했더니 "쓰지 않을 건데요."라고 하거나, 떠들어서 뒤로 나가 있으라고 하니 "나가지 않을 건데요."라고 하는 거예요. 또는 수업 시간에 스마트폰으로 몰래 게임을 하다가 제 눈에 띄어서 스마트폰을 내놓으라고 하자 '난 모르겠다.'라는 표정으로 가만히 있기도 해요. 이럴 때마다 교사의 권위가 무너졌다는 생각에 교단에 서 있는 게 괴로워요.

어떤 때는 수업 중인데도 어떤 학생이 저만치 떨어진 학생에게 "야, 이 새끼야!" 하고 욕을 하는 거예요. 자기들끼리만 들리게 작게 말하면 모르겠는데, 제 귀에 들리게 욕을 하니까 모른 척하고 지나갈 수도 없더라고요. 수업을 방해하는 이 학생 때문에 교실에 들어가기가 꺼려질 정도입니다.

┤ 공감 ├

자괴감이 느껴져

이렇게 행동하는 학생이 제 눈앞에 있다면, 어휴 생각만 해도 끔찍한데요. 이런 일을 많은 선생님들이 겪고 계실까요?

송승훈   거의 모든 선생님이 겪는 일이죠. 센 척을 하면서 다른 사람이 위축되는 것을 보며 쾌감을 느끼는 습관이 들면, 이런 이상행동을 하는 학생이 되기도 합니다. 어떤 교사라도 그런 학생들이 있는 학교에 발령받으면 이런 당황스러운 상황을 마주하게 됩니다.

송 선생님은 문제행동을 하는 학생을 만나면 어떤 마음이 드세요?

송승훈   학생이 수업을 계속 방해하고 선 넘는 행동을 하는데도 교사의 지도가 소용이 없을 때, 교사는 자괴감을 크게 느낍니다. 이런 유치한 학생들과 씨름하려고 교사가 되었나 하고 회의가 들기도 하고요. 하지만 마음고생이 심했더라도 너무 걱정은 마세요. 흔한 일이어서 어떻게 하면 되는지 대응 방법이 정리되어 있습니다.

그러고 보니 학생들이 수업 시간에 딴짓하거나 무례한 행동을 하는 일이 언론에서 종종 보도된 게 생각나네요. 고성한 선생님은 이 사연을 어떻게 들으셨나요?

고성한   저도 신규 교사 때 이런 일을 많이 겪었습니다. 그래서 사연 속 선생님이 얼마나 당황스럽고 속상한 마음이실지 충분히 공감합니다. 신규 교사 시절에는 이런 일을 겪으면 자신이 경험이 없고 부족해서 그렇다고 생각해요. 하지만 경력이 쌓이고 학생들을 대하는 데 노하우가 생겨도 이런 일들이 종종 일어납니다. 그래서 자신을 너무 많이 탓하지 않아도 됩니다. 자책만 하는 건 자신에게도, 또 문제해결에도 큰 도움이 되지 않습니다.

학생의 문제행동에 교사가 어떻게 구체적으로 대처할 것인지를 미리 생각해 보면 좋습니다. 문제행동이 일어나기 전에 예방 활동도 중요하고요.

이상행동을 하는 학생을 지도하는 방법

그럼 수업 시간에 수업을 방해하며 딴짓을 하는 학생에게는 어떻게 해야 할까요? 방법을 알려 주세요.

송승훈   친절하지만 단호해야 합니다. 지금은 교사가 큰소리를 낸다고 해서 권위가 생기는 시대가 아니에요. 큰소리치는 것으로 교사의 권위를 세우려다가는 학생들에게 놀림의 대상이 되어 교사가 고립될 수 있어요.

친절해야 하는 이유는 부정적인 행동을 하는 학생이 교사에 대해 트집을 잡기가 어렵기 때문이에요. 말 속에 가시를 담으면 수업 방해 행동을 하는 학생은 교사가 학생에게 나쁘게 말했다는 점을 트집 잡아서 역으로 공격해요. 그러면 교사는 속이 바싹 타들어 갑니다. 잘못한 학생이 교사에게 말을 교육자답지 않게 한다고 도리어 훈계를 하니 어이가 없지요. 이런 어이없는 상황이 되지 않고 학생을 제대로 가르치려면 교사가 친절해야 합니다.

그러면서 동시에 단호해야 합니다. 친절해서 선생님의 지시에 대해 트집을 잡기가 어려운데, 선생님이 한 번 말을 하면 그것을 지켜야 하고 실행이 되는 분위기를 만드는 것입니다. 교사의 권위는 쌀쌀맞거나 큰 목소리에 있지 않고, 그 교사가 한 말이 실행되도록 하는 데 있습니다. 그래서 현실에서 할 수 없는 '센 벌칙'은 말하지 않는 게 낫습니다.

교사가 말하는 벌칙은 강하지 않고 약해야 합니다. 누가 보아도 잘못된 행동에 대한 대가라고 하기에는 약한 정도의 벌을 제시하고, 그것을 일관되게 실행해야 합니다. 그러면 교사의 권위가 살아나게 돼요. 권위 있는 교사는 학생들에게 이런 말을 듣습니다. "저 선생님은 부드러운데 이상하게 저 선생님이 하는 말은 듣게 돼."

기억해 주세요. 작은 규칙이 일관되게 적용될 때 교사의 권위가 살아난다는 게 핵심입니다. 이와 관련된 논의는 따돌림사회연구모임(http://antibullyingsociety.com)에서 많이 했으니 관련 자료를 찾아보면 좋습니다.

재미있네요. 교사가 자기 감정을 드러내지 않고 딱딱한 표정으로 말하거나, 큰소리치는 데서 교사의 권위가 생기지 않는다는 말이 인상적입니다. 알아 두면 좋은 지도 방법이 이것 하나만 있는 게 아닐 텐데, 또 알려 주세요.

송승훈   수업 시간에 떠들어서 지적을 받아도 10분도 안 되어서 또 떠드는 학생이 있어요. 좌우 앞뒤로 계속 말을 걸면서 친구들을 건드리는 학생이 있죠. 교사가 지적하다가 지치기도 해요.

이렇게 개인 지적이 효과가 없을 때는 그 학생의 앞뒤와 옆 학생을 지적해서 '떠드는 상대와의 연결 고리'를 끊는 방법을 쓰면 효과가 있어요. 수업 시간에 떠드는 게 습관이 된 학생은 선생님들에게 지적을 많이 받거든요. 그래서 지적을 받아도 별 효과가 없고, 반성하기는커녕 오히려 선생님들이 자기만 미워한다고 피해의식을 가질 때도 있어요.

따라서 이 학생이 떠들면 이 학생을 지적하지 말고, 이 학생과 떠들고 있는 다른 학생을 지적하는 거예요. 옆 학생과 떠들면 그 옆 학생을 지적하고, 뒤에 앉은 학생과 떠들면 그 뒤에 앉은 학생을 지적하고, 앞에 앉은 학생과 떠들면 앞에 앉은 학생을 지적해요. 그러면 이 학생은 약간 머쓱해요. 친구랑 딴짓하고 떠들었는데 자기는 지적을 받지 않고 계속 다른 친구들만 지적을 받는 거예요. 이러면 이 학생은 떠들기가 어렵고 교사에게 항의하기도 어려워서, 수업 방해 행동이 바로잡힐 가능성이 커집니다.

송 선생님 설명을 들으니 마음이 조금 편안해집니다. 사연 속 선생님은 '산만하게 떠드는 학생'과 '선 넘는 학생' 때문에 어려움을 겪고 계신 것 같아요. 고성한 선생님은 학생이 왜 이런 행동을 한다고 보세요?

 고성한 　송 선생님이 '산만하게 떠드는 학생'에 관해서 자세히 설명을 해 주셨어요. 저는 '선 넘는 학생' 사례를 좀 더 자세히 살펴보겠습니다. 학생이 문제행동을 일으키는 동기가 있을 텐데요. 먼저, 학생이 자신의 행동이 잘못되었다는 걸 모를 수 있습니다. 두 번째, 자신이 잘못을 인정하면 혼날 것 같으니까 회피를 할 수도 있죠. 세 번째, 친구들 앞에서 세 보이려고 일부러 그런 행동을 할 수도 있습니다. 마지막으로 이전에 권위자와 겪은 갈등 때문에 반항적인 행동을 할 수도 있고요. 앞서 말씀드린 세 가지 경우의 문제행동과 대처 방법은 송승훈 선생님이 자세히 언급해 주셔서 저는 마지막 경우를 말씀드리고 싶어요.

학생이 이전에 권위자와 갈등을 겪었고, 그 문제가 아직 해결되지 않았다는 말씀이죠? 그리고 그 문제가 현재 교실에서 학생의 수업 방해 행동으로 나타나는 것이고요?

 고성한 네, 맞습니다. 그게 바로 제가 드리고 싶은 말씀이에요. 이전에 학생이 성인과의 관계에서 큰 마찰을 겪었을 가능성이 있습니다. 예를 들면, 학생이 부모님과 반복적으로 갈등을 겪은 거죠. 그런 갈등을 깊이 들여다보면 좋습니다. 이전에 있었던 갈등이 대화를 통해서 평화적으로 해결되었다면 다행이지만 그렇지 않았을 확률이 높거든요. 갈등 상황에서 어른이 자신의 위계를 이용해서 학생을 일방적으로 억압했을 가능성도 있고요. 어른이 감정만 앞세워서 소리를 지르거나 학생의 말은 들어 보지도 않고 일방적으로 훈계만 했을 수도 있습니다.

그럼 학생이 참 억울했겠는데요?

 고성한 네, 맞습니다. 억울하고 분한 마음은 스스로 억압해도 어떤 방식으로든 표출이 됩니다. 학생은 이후에 비슷한 상황에 부닥쳤을 때 자기도 모르게 어른을 공격합니다. 그런데 상대는 성인이고 자신은 아직 학생이기 때문에 직접 대놓고 공격하는 건 두려워요. 그래서 간접적인 행동으로 표출하죠. 괜히 고집을 부린다거나, 무조건 거부를 하거나, 상대방을 무시하는 방식으로요. 카우프만(Kauffman, 1989)은 이런 공격성을 '수동적 공격성'이라고 말했습니다.

수동적 공격성을 보이는 학생의 경우에는 어떻게 해야 할까요?

 고성한 이런 상황에서 학생의 페이스에 말려들면 교사가 학생에게 감정적으로 대응하게 됩니다. 소리를 버럭 지르거나, 교사라는 권위로 압박을 가하게 되죠. 그러면 문제가 더욱 심각해집니다. 학생의 수동적 공격이 강화되니까요. 한편 수동적 공격성을 다루는 데 어려운 점이 있습니다. 자신은 상대에게 공격을 가하지 않았다고 쉽게 부인할 수 있다는 점이에요. 학생이 자신은 교사에게 공격을 가하지 않았다고 발을 빼 버리면 교사만 우스워지는 거죠. 그래서 최대한 감정적으로 대응하지 말아야 합니다.

그런데 더 큰 문제가 있어요. 비슷한 상황에서 문제가 계속 반복될 수 있다는 겁니다. 앞에서 말씀드린 것처럼 과거의 문제 상황이 완전히 해결되지 않았기 때문입니다. 그래서 사후에 문제를 해결하는 것도 중요하지만 사전에 이런 문제 상황을 완벽하게 처리하는 것도 중요합니다. 다시 말해서 예방 활동에도 힘을 기울여야 하는 거죠. 문제행동을 예방하는 방법은 조금 이따가 더 자세하게 말씀을 드리겠습니다.

┤ 상담 2 ├

선 넘는 학생을 지도하는 방법

수업 때 학생이 해서는 안 되는, 선 넘는 행동을 하는 학생도 있잖아요. 송 선생님은 이때는 어떻게 하세요? 예를 들면, 욕을 하거나 할 때요.

송승훈　　　저는 학생이 욕을 하면 자기 자리에서 일어나서 교실 앞문으로 나가서 복도를 거쳐서 교실 뒷문으로 들어오게 해요. 어느 학생이 욕을 하면 "어, 너 욕 했네. 한 바퀴 돌고 와야겠는데. 자, 얼른 돌아. 자리에서 일어나서 교실 앞문으로 나가서 복도를 지나서 뒷문으로 들어와. 이렇게 세 바퀴 돌고 자기 자리에 앉아." 이러면 교실에서 학생들이 웃어요.

욕을 한 학생도 이 상황이 조금 웃겨요. 뭔가 욕을 해서 센 척을 했는데 선생님이 큰소리를 치지 않고, 벌이라고 해서 뭔가를 하라고 하는데 이게 부담이 되지는 않거든요. 자리에서 일어나서 교실과 복도를 한 바퀴 돌고 오면 자기도 웃기고 친구들도 웃거든요. 이렇게 하면 수업 시간에 학생들이 욕하는 일이 급속도로 줄어들어요. 누가 욕을 하면 같이 어울리는 친한 친구들이 "선생님, 애 욕했어요. 돌고 와야 해요." 하고 웃으며 말하기 때문이에요. 욕을 하면 약간 웃긴 상황이 되면서, 벌 같지 않은 벌인데 그걸 하게 된다, 이렇게 되면 그 교사 앞에서는 함부로 하지 못해요.

정리하면, 거친 분위기를 만들면 센 척하는 학생은 교사와 맞대결을 하면서 이기려고 해요. 그래서 학생이 선 넘는 행동을 하면 거친 분위기를 만들지 말고, 약간 웃긴 분위기를 만들면서 곧바로 작은 벌칙이라도 작동하게 하는 거예요. 이 정도로 선을 넘는 학생들이 나아질까 생각할 수 있는데요. 한 번 해 보시고 이 방법이 효과가 있는지 없는지 알아봐 주세요. 제가 쓴 〈교육의 문제 상황에서 체벌하지 않고 가르치기〉*라는 글이 있는데 인터넷에서 검색하면 나오니 한 번 읽어 주세요.

---

* https://blog.naver.com/wintertree91/10106933550

선생님 이야기를 들으면서 저도 '이 정도로 수업 시간에 욕하는 학생을 변화시킬
수 있단 말이야?' 하고 생각했네요. 그런데 모든 학생에게 이 방법이 통하지는 않
을 텐데 그때는 어떻게 해야 하나요?

송승훈　　　교사가 무엇을 하라고 하는데 학생이 그 말을 듣지 않
을 때가 있지요. 학습지를 쓰라고 하는데 하지 않거나, 잘못해서
벌을 주었는데 따르지 않거나, 부적절한 행동을 해서 그만하라고
하는데 계속 그 행동을 할 때가 그렇습니다.

이때는 "지금 교사인 내 지시를 따르지 않겠다는 건가요?" 하고
담백하게 천천히 말합니다. 화를 내거나 부정적인 감정을 섞지 않
고 최대한 투명한 마음으로 말해야 합니다. 이때 학생이 느낍니
다. 여기서 따르지 않겠다고 하면 생활교육위원회에 가서 징계를
받는다는 사실을 압니다. 선을 넘는 행동을 하는 학생들은 어떤
시점에서 멈추지 않으면 진짜 선을 넘게 되는 일이 생기는지를 잘
압니다.

생활교육위원회가 별것 아니라도 학생에게 생각하는 계기가 됩
니다. 제가 고등학교 교사잖아요. 우리 반에 지금은 순하게 잘 지
내는데 중학교 때는 교무실 벽을 주먹으로 치고 난동을 부린 과
거가 있는 학생이 있어요. 중학교 생활교육위원회에서 욕하고 뛰
쳐나온 학생도 있고요. 그런 학생들하고 대화를 나누어 보면, 겉
으로는 "까짓것 징계! 안 무서워."라고 말했지만 속으로는 생활교
육위원회 때문에 상당히 압박을 받고 신경을 쓴 것을 알 수 있었

어요.

생활교육위원회 절차가 진행되고 징계를 받으면, 그것을 무심하게 대하지 못합니다. 더구나 징계는 회를 거듭할수록 강도가 올라가기에 무시하기 어렵습니다.

잘못하면 그에 따른 절차가 진행되어 적절하게 징계받는 게 교육입니다. 감싸 주고, 인격적으로 대해 주고, 잘못했을 때 친절하지만 단호하게 지도하고, 그런데도 선을 넘는 행동을 하고 멈추지 않으면 사회적 제재를 받는다는 것을 경험할 필요가 있습니다.

고 선생님이 생각하시는 '선 넘는 학생 지도 방법'도 궁금해요.

고성한   송 선생님이 자세하게 말씀을 잘 해 주셔서 제가 덧붙일 내용이 없어요. 저는 그래서 아까 말씀드리지 못했던 문제행동의 예방적 측면에 대해서 추가로 말씀을 드리려고 합니다. 문수정·최경희(2022)는《교실에서 별을 만나다》에서 문제행동의 예방 활동을 '행동 지원 프로세스'라고 이름 붙였습니다.

'행동 지원 프로세스'가 어떤 것인지 구체적으로 설명해 주세요.

고성한   학급에 반복적으로 심하게 소리를 지르는 학생이 있다고 생각해 볼게요. 먼저 교사가 이 학생의 행동을 지속해서 관찰하고 기록합니다. 학생이 악을 쓰면 악을 쓰기 전에 어떤 일이 있었는지도 적고요. 누구와 있을 때 소리를 지르는지도 살펴봅니다. 또 얼마나 오랜 시간 동안 그런 행동을 지속하는지, 소리를 지르는 세기는 어느 정도인지도 꼼꼼하게 적고요. 계속 그렇게 적다 보면 어느 정도 악을 쓰는 행동에 관하여 분석이 됩니다.

학생이 어떤 상황에서 어느 정도의 세기로 소리를 지르는지, 그 시간은 얼마나 유지되는지 알 수 있죠. 또 악을 쓴 이후에는 어떤 일이 벌어지는지까지 그 패턴을 세세하게 이해할 수 있습니다. 패턴을 알게 되면 그 문제행동에 대한 중재 계획을 수립할 수 있어요.

그 이후의 활동도 자세히 소개해 주시겠어요?

 고성한 　　이후에는 이 학생에게 기대하는 목표 행동을 설정합니다. 예를 들면, 40분 동안 5 정도의 세기 이하로 말하기 같은 구체적인 목표 행동을 정할 수 있겠죠. 그 목표 행동을 달성하기 위해서는 선행 사건을 조정해야 합니다. 여기서 선행 사건이란 문제행동이 일어나기 전에 주로 일어난 사건을 말해요. 예를 들면, 이 경우에는 다른 학생들이 교실에서 뛰어다니는 경우입니다. 즉, 교실에서 다른 학생들이 뛰어다닐 때 이 학생이 소리를 많이 지른다는 거죠. 그러면 다른 학생들이 평소에 교실에서 뛰는 행동을 덜 하도록 미리 조치해야 합니다.

문제행동을 일으키는 학생의 행동만을 교정하는 것이 아니라, 문제행동과 관련된 선행 사건까지 생각해 본다는 게 참 신선하네요. 선행 사건을 조정한 후에는 교사가 또 어떤 일을 해야 할까요?

 고성한 　　　학생이 소리를 지르는 문제행동에 대한 대체 행동도 미리 마련해야 합니다. 예를 들면, 눈을 감고 크게 호흡하거나, 물을 마시거나, 감정 카드로 자신의 감정을 교사에게 솔직하게 말하는 방식이 있습니다. 아니면 잠시 교실 밖으로 나가서 산책하고 올 수도 있겠죠. 이런 대체 행동을 구체적으로 마련해서 학생에게 미리 알려 줘야 합니다. 반복적으로 연습도 해야 하고요.

그리고 해당 학생이 정해진 시간 동안 목표 행동을 달성하면 보상도 하는데요. 그 보상에 대해서도 사전에 약속을 해야 합니다. 문제행동 대신에 대체 행동을 잘 수행했을 때의 보상도 마찬가지고요. 좀 더 구체적인 내용을 알고 싶으시다면, 앞에서 말씀드린《교실에서 별을 만나다》책을 추천합니다.

┤ 함께 나아가기 ├

모든 교사가 정보를 공유하기

수업 시간에 수업을 방해하거나 선을 넘는 부적절한 행동을 하는 학생들을 어떻게 지도해야 하는지, 두 선생님의 지도 방법을 들어 보았습니다. 혹시 더 해 주실 말씀이 있으면 부탁드려요.

송승훈 학생이 무례한 행동을 했을 때 그 충격이 크지만, 너무 오래 생각하지 않아야 합니다. 정서적으로 충격이 오기에 밥을 먹다가도 생각이 나고, 밤에 잠을 자다 깨서 또 생각이 나거든요. 그러면 정상적으로 생활하기 어렵습니다.

깊게 사유하는 것과 온갖 번뇌에 사로잡혀 있는 것의 차이가 무엇일까요? 생각을 많이 해서 답이 나오는 문제는 깊게 사유하는 것이 되고요. 생산적인 생각이 아니라 평화롭지 않은 감정이 통제되지 않아서 불안정한 생각이 자꾸 나면 그게 번뇌가 됩니다. 마음이 어지러운 상태가 되면 생각을 멈추고, 집 청소를 하거나 동네 산책을 하러 나가거나 해서 쌓인 감정을 흘려보내야 합니다. 이 말을 기억해 두면 좋습니다. "어떤 상황에서는 더 생각하면 내가 수렁이 빠진다. 더 생각하면 망한다. 생각을 그만해야 내가 살고, 문제가 풀린다."

못된 행동을 하는 학생이 당연히 밉지만, 밉더라도 그 학생에게 감정을 드러내면 학생을 바른길로 인도할 수가 없습니다. 지금은 많이 부족하지만 나중에 근사한 사람으로 바뀔 수 있다는 가능성을 학생에게서 봐야 내 마음이 편안해지고 그 학생을 지도하기가 쉬워집니다.

교사는 학생을 완벽히 통솔해야 한다는 식의 감당 안 되는 문장을 가슴에 품지 않았으면 합니다. 현실적으로 할 수 있는 방법을 찾

116

아서 한 걸음 한 걸음 실천해 가다 보면, 어느새 '부드럽지만 묘하게 말을 듣게 되는 선생님'이 되실 겁니다.

마음가짐에 대해 말씀해 주셨네요. 문제를 해결하는 방법과 더불어 난데없는 상황을 상대하는 마음을 이야기해 주셔서 마무리하는 느낌이 납니다.

송승훈　그리고 동료 교사에게 꼭 도움을 요청하세요. 선 넘는 행동을 당했을 때 교사가 혼자 상대하면 안 돼요. 무례한 행동은 한 번 지나치면 그 뒤에 되풀이되며 점점 더 강화될 수 있습니다. 교사에게 무례한 행동을 하면 그 사실이 전체 교사에게 공유되고, 모든 교사가 그 행동을 바로잡으려 한다는 느낌을 학생에게 주어야 학생이 행동을 바르게 하려고 신경을 쓰게 됩니다. 교사 전체가 협력해서 함께 움직일 때, 센 척하는 학생들도 선생님들을 얕보지 못하고 사회적 권위를 인정하게 됩니다.

고 선생님은 더 해 주실 말씀이 있을까요?

고성한　저도 송 선생님 말씀과 비슷한 맥락인데요. 먼저 선생님 스스로 마음을 잘 보호하셨으면 좋겠습니다. 교사로 살면서 학생들이 무심코 던진 한두 마디의 말들이 마음에 꽂힐 때가 종종 있어요. 그럴 때마다 깊은 상처를 받기도 합니다. 무례한 행동, 까칠한 말투, 빈정대는 말 하나하나가 교사의 마음에 생채기를 남기죠. 어떤 방식으로든지 선생님 마음에 남은 부정적인 흔적은 바로 바로 지우시기 바랍니다. 부정적인 말과 행동을 계속 곱씹게 되면 선생님의 몸과 마음에 좋지 않은 영향을 주니까요. 선생님을 환대하는 의미 있는 사람과 만나서 대화를 나누거나 취미 활동을 하면서 다양한 방식으로 긍정적인 에너지를 다시 보충하시기 바랍니다.

사실 교실에서 학생 대부분은 교사에게 묵묵히 응원과 지지를 보내거든요. 그런데 그런 학생들은 의식하지 못하고 삐딱하게 말하는 소수의 학생만 바라볼 때가 많습니다. 심할 때는 교사가 문제를 일으키는 학생과 언쟁을 벌이다가 묵묵히 지지를 보내는 학생들마저 놓쳐 버리기도 합니다. 사연 속 선생님도 비슷한 상황인 것 같아요. 선생님 주변에 선생님을 묵묵히 지지하고 응원하는 학생들이 많이 있을 겁니다. 그런 아이들에게 좀 더 주목하셨으면 좋겠습니다.

교사 상담 노트

- 친절하지만 단호해야 하며, 교사가 말하는 벌칙은 강하지 않고 약해야 한다.

- 과거 성인과의 갈등 때문에 수동적 공격성을 보이는 학생에게는 감정적으로 대응하지 않는다.

- 거친 분위기를 만들지 말고, 선 넘는 행동을 하면 곧바로 작은 벌칙이라도 작동하게 한다.

- 담백하게 천천히 말하며, 선 넘는 행동을 멈추지 않으면 사회적 제재를 받음을 깨닫게 한다.

- 혼자 상대하지 말고 전체 교사와 공유한 후 지속해서 함께 문제행동을 바로잡는다.

- 마음에 남은 부정적 흔적을 지우고 다양한 방식으로 긍정적 에너지를 다시 보충한다.

- 문제를 일으키는 학생과 언쟁을 벌이다가 교사를 묵묵히 지지하는 학생들을 잃지 않는다.

07

학교생활에 소홀한 학생 때문에
힘이 쭉쭉 빠져요

교사의 고민 1

안녕하세요. 저는 중학교 교사입니다. 학생의 생활지도와 수업 태도에 대한 어려움이 있어 이렇게 사연을 보냅니다. 학생이 학교 공부를 중요하게 여기지 않고 소홀히 하는 태도에 힘이 쭉쭉 빠집니다. 또한, 교우 관계에 답이 없다고 생각해서 아무 노력도 하지 않고 단절된 채 버티는 방식으로 학교생활을 하는 학생도 있어서 마음이 아파요.

공부에도 관심이 없고, 친구와 어울리는 데도 노력하지 않으니 저 학생이 무슨 재미로 학교에 다니는지 모르겠습니다. 혹시 어느 순간에 학교생활이 힘겨워져서 자퇴할까 봐 걱정돼요. 어떻게든 학생에게 도움이 되고 싶은데, 그 학생은 제 이야기를 받아들이지 않고 튕겨 내기만 합니다. 이런 학생은 어떻게 지도하면 좋을까요?

안녕하세요. 저는 고등학교 교사입니다. 심리적으로 문제가 있는 학생은 학부모도 온전한 가정생활을 이루지 못한 경우가 많습니다. 학생이 학교 생활을 잘하지 못해서 학부모 상담을 해 보면 학부모에게 문제가 많다는 사실을 알게 되는 경우가 꽤 있습니다.

학생이 불안정하게 학교생활을 하는데 학부모도 불안한 심리 상태일 때 교사인 제가 어떻게 이 학생의 생활 태도를 지도해야 할지 매우 힘이 듭니다. 가정환경도 안 좋고, 학습 부진이 누적되어 졸업장만 따는 게 목표라고 학생이 말하네요. 학교에 와서 무기력한 모습을 보이는 학생을 어떻게 해야 할까요? 답답합니다.

─── | 공감 | ───

자신에게 미래가 없다고 말하는 학생

이 사연을 들으면서 저의 학창 시절이 떠올랐어요. 무기력하게 학교생활을 하던 친구가 있었거든요. 송승훈 선생님은 학교에서 무기력한 학생을 보신 적이 있나요?

송승훈   거의 모든 선생님이 이런 무기력한 학생을 교실에서 만납니다. 경제적으로 불안정한 지역에서는 교실에 이런 학생들이 10% 정도 있습니다.

초등학교보다 중학교에 많고, 중학교보다는 고등학교에 이런 학생들이 더 많습니다. 그 학생들이 하는 말을 들으면 어른인 제가 다 쓸쓸해지는데요. "제게는 미래가 없어요."라고 말하는 걸 들은 적이 있어요. 그 학생은 집이 가난한데 아버지는 알코올 의존자이고, 오빠는 기분 나쁘면 이 학생을 때리고, 게다가 본인은 학교에서 공부도 못하고 문제행동을 해서 징계를 받는 상황이었어요.

아이고, 듣기만 해도 심각한 상황이네요. 제가 그 상황에 놓였다면 어떻게 했을까 생각해 보니, 그 학생을 쉽게 판단하고 어떤 말을 하기가 어렵네요.

송승훈　　　학생이 문제행동을 자꾸 하고 개선이 되지 않으면 학부모를 학교에 오시게 하잖아요. 그때 여러 선생님이 똑같이 하는 말이 있어요. 부모를 만나 보니 그 학생이 왜 그 문제가 있는지 알겠다고요. 부모에게 어떤 문제가 있으면 학생에게도 그 문제가 있는 경우가 종종 있습니다.

무기력한 아이의 문제가 아이 개인이 아니라, 가정환경과 학부모와 연관되어 있을 때 교사가 이 상황에 기가 눌릴 때가 있어요. 어떻게 해결해야 할지 막막하기도 하고요.

학생에게서 무기력이 반복되고 있어요. 고 선생님, 이런 상황을 어떻게 정의하면 좋을까요?

고성한   저도 학교에서 피할 수 없거나 극복할 수 없는 환경에 노출된 학생들을 종종 만납니다. 학생이 그런 상황에 지속해서 노출되면 많은 문제가 벌어집니다. 대표적인 예가 학습된 무기력이에요. 학습된 무기력을 겪는 학생은 실제로 자신의 능력으로 극복할 수 있는 상황이 되어도 시도조차 하지 않고 자포자기합니다. 계속 부정적인 일이 일어나리라 예측하고, 미리 포기하게 되는 거죠.

학습된 무기력이 어떤 부분에서 문제가 될까요?

 고성한   가장 큰 문제는 무기력이 오랜 시간에 걸쳐서 형성되었다는 겁니다. 장기간 형성되었기에 그 상태를 벗어나는 데도 많은 시간이 필요하죠. 특히 가정환경에 의해 이런 문제가 발생한 경우에는 더욱더 어려운 점이 많아요. 학교에서 교사가 긍정적인 방향으로 지도해도 가정에서 계속 부정적인 환경에 노출됩니다. 그래서 학생에게 근본적인 변화가 나타나기 어렵죠. 결국 학교와 가정이 유기적으로 연대하면서 함께 문제를 해결해야 합니다. 그런데 사연을 들어 보니 가정에서 그런 지원을 기대하기는 어려운 상황 같아요.

한 사람의 힘은 작지 않아

이렇게 가정환경이 안 좋으면서 학생 개인도 무기력한 경우에, 학생에게 어떤 도움을 줄 수 있나요?

 송승훈   사회학적으로는 가정과 사회의 문제가 해결되어야 아이의 환경이 좋아진다고 이야기할 수 있는데요. 그런데 이건 시간이 많이 걸리지요. 학생이 졸업하기 전까지 학부모의 심리 불안이 해결되고 가정의 빈곤이 해결될 리가 없잖아요. 기본적인 문제가 해결되지 않는 상황에서 교사에게는 자기 환경에 낙담해서 무기력해진 학생이 있는 상황입니다. 이 학생에게 교사는 당장 무엇인가 도움이 되는 교육을 해서 학생에게 생의 활력을 불어넣어 주어야 하죠. 이게 사회 비평가와 다른 교사의 역할입니다.

선생님이 학생과 일대일 대화를 할 기회를 적당하게 만들면 좋습니다. 가능하면 학교 밖 식당에서 같이 밥도 먹어 보고요. 담임일 때는 그 학생이 작게 성공해서 보람을 느낄 만한 일을 맡기면 좋습니다. 사람은 자기 판단대로 어떤 일을 해서 성공하면 자기 존재감을 확인하게 되고 잘해 보고 싶은 의욕이 생깁니다.

불우한 환경에서 성공한 사람들의 이야기를 들어 보면 어려운 환경 속에서 방황할 때 좋은 어른이나 선생님을 만나 삶을 포기하지 않고 다시 의욕 있게 살게 되었다는 이야기를 합니다. 교사가 노력하여 무기력한 학생이 일부만이라도 문제를 해결하고 잘살게 되면 그게 교사의 큰 기여입니다. 그 학생에게는 그 교사가 없었으면 인생이 더 어두웠을 것이기 때문입니다. 한 사람의 힘이 작지 않다는 말을 떠올리며, 학생과 자주 이야기를 나누어 주세요. 그러면 학생이 어느 순간에 힘을 내기도 합니다.

다 성공하지 못하더라도 교사가 노력하면 어느 정도의 학생은 무기력에서 벗어난다는 말씀이 인상 깊습니다. 수업 시간에 참여하지 않고 아무것도 안 하려는 학생은 어떻게 해야 할까요?

송승훈 　수업 시간에 활동 자체를 거부하고 아무것도 안 하려는 학생이 있어요. 그러니까 온종일 고개를 들지 않고 엎드려 있고, 교사가 말을 걸어도 계속 엎드려 있는 예도 있는데요. 이 경우에는 교사 개인이 상황을 더 나아지게 하기가 어려워요.

그런데 이 정도가 아니라 수업 시간에 고개는 들고는 있는데 수업 참여를 눈치 보며 안 하는 경우라면, 그러니까 너무 심하지 않은 상태라면 쉬운 과제를 내주고 그것을 해냈을 때 작게 격려해 주면 상황이 나아지기도 합니다.

다른 학생들과 똑같은 수준의 과제를 요구하면 집중력이나 학습 능력이 부족해서 포기할 수 있으니까, 다른 학생들보다 쉬운 수준으로 배려해도 좋습니다. 교실에는 변수가 많으니까 학생의 상황을 봐서 학습 활동이나 과제의 난이도를 유연하게 조정하면 좋습니다.

그러면서 기본 규율은 조금씩 잡아 가는 게 필요합니다. 자칫 교사의 배려를 악용해서 교사의 지도를 무력하게 만들면 교실의 안정과 질서가 흔들릴 수 있으니까요. 학생이 감당할 수 있는 수준이 어느 정도인지를 살피고, 학생의 능력 범위에서 규율과 규칙 요구해야 합니다. 이때 기준은 그 학생이 할 수 있는 수준으로 하면 됩니다.

학생이 계속 무기력한 상태에 머물러 있다면 고 선생님은 그 원인이 무엇이라고 생각하세요?

 고성한　　　제가 보기엔 학생이 의욕도 없고 행복하지도 않은 것 같아요. '자기 결정성 이론'에 의하면 삶의 의욕이나 행복에 영향을 주는 세 가지 조건이 있습니다. 이 세 가지 조건을 따져 보면 학생이 무기력한 원인을 찾을 수 있습니다.

첫 번째 조건은 자율성입니다. 사람은 누구나 스스로 선택하는 걸 중요하게 생각해요. 그래서 누군가에 의해서 선택을 강요받았거나 가정환경 안에서 자율성을 침해받으면 행복하지 않다고 느낍니다. 이 학생은 어렸을 때 또는 현재도 지속해서 선택을 받을 수 있어요. 학생이 계속 억압된 환경 속에서 사는 건 아닌지를 살펴봐야 합니다.

두 번째 조건은 관계성입니다. 우리는 모두 연결되어 있고 관계

속에서 삶의 의미를 찾습니다. 아이들도 마찬가지예요. 좋은 사람들과 관계를 맺고 있으면 행복감이 높아집니다. 학생 주변에 좋은 사람들이 얼마나 있는지, 또 그들과 어떻게 관계를 맺고 있는지 살펴봐야 합니다.

세 번째 조건은 유능감입니다. 아이들은 스스로 어떤 일을 해낼 때 유능감과 기쁨, 만족감을 느낍니다. 반대로 본인 스스로 유능감이 없다고 느끼면 삶의 의욕을 잃게 되죠. 이 학생이 지금까지 유능감을 느끼면서 살아 왔는지 살펴봐야 합니다.

말씀하신 것처럼 세 가지 조건을 살펴보면 무기력의 근본적인 원인을 찾을 수 있겠네요. 원인을 찾았다면 해결도 해야 하잖아요. 어떤 방식으로 학생을 도울 수 있을까요?

 고성한   학생과 상담을 해야 합니다. 상담하면서 교사가 학생에게 여러 가지 질문을 던져 보면 좋습니다. 먼저, 학생에게 '예외 질문'을 할 수 있습니다. 예를 들어, 이 학생이 학교에 오는 걸 싫어한다면 그것에 대한 예외적인 상황을 생각해 보는 겁니다. 예외적인 상황은 학교에 오고 싶은 순간일 거예요. 학생에게 지금까지 살면서 학교에 오고 싶은 순간이 단 한 번도 없었는지 물어봅니다. 학생이 고심 끝에 한 번쯤은 있었다고 말할 겁니다. 그러면 그게 언제였는지, 왜 그런 생각이 들었는지를 물어봅니다. 그렇게 질문을 확장해 나가는 거죠.

이런 예외 질문을 통해서 예외 상황, 그러니까 학생 스스로 학교에 오고 싶었던 순간이 있었다는 걸 발견하도록 합니다. 그리고 계속 질문을 이어 나가면서 그 생각을 구체적으로 강화하고요. 이런 활동을 통해서 학생 내면에 있는 성공 경험을 끄집어낼 수 있습니다. 그렇게 자아존중감도 강화할 수 있고요.

예외 질문 이외에 또 다른 질문도 있을까요?

 고성한　　　두 번째, 기적 질문이 있습니다. 학생에게 기적이 일어난다고 가정을 해 보는 거예요. 예를 들면, 늘 혼자 지내는 학생에게는 우리 반 모두와 친해지는 게 기적 같은 상황이겠죠. 학생이 그런 기적적인 상황을 말한다면 우리 반 모두와 친하게 지내는 상황을 구체적으로 그리거나 글로 적어 보도록 합니다. 활동이 끝나면 학생에게 우리 반 모두와 친해지는 기적은 언제든지, 또 누구에게든 일어날 수 있다는 걸 말해 줍니다. 다만 학생이 가만히 있으면 이런 기적이 일어나기 어렵겠죠. 기적과 가까워지기 위해서 학생에게 어떤 특정한 행동이 필요할지 물어봅니다. 이런 활동을 통해서 무기력한 학생이 스스로 구체적인 목표를 세울 수 있도록 돕는 거예요.

여러 가지 질문을 통해서 학생 스스로 관점을 전환하도록 돕는다는 게 참 인상적이네요. 혹시 또 다른 활동도 있을까요?

고성한　　　매일 감사 거리를 찾는 활동도 있습니다. 감사하는 마음도 행복한 삶의 중요한 요소거든요. 놀랍게도 감사는 학습을 통해서 익힐 수 있습니다. 학생 스스로 하루에 5가지, 적게는 1가지라도 매일 감사 거리를 찾아서 노트에 적도록 합니다. 이 활동을 통해 학생의 삶에 대한 관점이 긍정적인 방향으로 달라질 수 있습니다. 매일매일 하다 보면 가랑비에 옷 젖듯이 조금씩 삶의 희망을 발견해 나갈 수도 있을 거고요.

─────┤ 상담 2 ├─────

학교에서 정 붙일 곳을 만들어 주기

교사 개인 차원에서 무기력한 학생에게 어떻게 대할지를 알려 주셨는데요. 말씀해 주신 방법을 적용하려면 교사에게 어느 정도 용기가 필요하다는 생각도 드네요. 그러면 학교 차원에서는 어떤 문제해결 방법이 있을까요?

송승훈　　　학교에서 수업에 참여하지 않고 친구와 어울리고 싶은 마음이 없다고 말하는 학생은 본인의 선택으로 그렇게 생활하는 것이긴 한데, 대부분 행복해 하지는 않습니다. 사람은 다른 사람의 인정을 받아야 행복한 존재인데, 수업에 소홀하고 대인관계도 원만하지 않으면 다른 사람들이 그 학생을 인정하지 않기 때문입니다. 겉으로는 관심이 없다고 하지만, 속으로는 마음이 상처투성이일 수 있습니다. 수업도 잘하고 싶고, 친구들과도 잘 지내고 싶은데 현실에서는 잘 안 되다 보니 자기가 실패했다고 말하기가 싫어서 나는 수업도 친구도 다 관심이 없다고 말할 수 있습니다.

첫째, 이런 학생에게 학교에서 정 붙일 곳을 만들어 주면 좋습니다. 동아리가 다양하게 꾸려져 있으면, 학급에서는 인간관계를 잘 못 풀어도 동아리에서는 새롭게 자신의 학교생활을 시도해 볼 수 있습니다. 수업은 안 들어도 동아리에서 하는 학습 활동에는 잘 참여하면, 그 성공 체험이 자존감을 높여서 무기력한 상황을 벗어나게 하는 힘이 축적되게 합니다. 학급운영을 부서 체계로 해서 역할을 주고 자존감을 높이게 해도 도움이 됩니다. '부서별 학급 운영 체제'*라고 검색하면 관련 글이 나옵니다.

둘째, 진로 지도 측면에서 학업 성적 이외에 학교생활이 그 학생의 미래 인생에 도움이 된다는 이야기를 교사가 계속 해 주면 도움이 됩니다. 이 말은 한두 번 하면 효과가 없고 주기적으로 반복해서 해 주어야 효과가 있습니다. 모둠 활동을 하면 사람의 마음에 대해 잘 알게 되어 나중에 학생이 사회생활을 할 때 무슨 일을 해도 도움이 된다고 말해 주는 것이지요.

셋째, 학교마다 기초학력 부진 학생을 지원하는 예산이 있는데 이 것을 활용하는 방법입니다. 이 예산을 방과후학교 강의 예산으로

---

* https://blog.naver.com/wintertree91/222255260256

도 쓰지만, 교사 1인이 몇 명 안 되는 소수의 학생을 데리고 밥 먹고 차 마시고 상담하는 프로그램의 운영 예산으로도 씁니다. 학습 관련해서 책도 사 주고, 필기구와 공책도 사 주면서 격려해 주면 학생이 그 전보다 나아지는 게 보입니다. 실망하고 포기한 학생에게는 학업 자체만을 강조해서는 답이 나오지 않을 때가 많습니다.

학교 차원에서 무기력한 학생을 돕는 방법이 세 가지나 있군요. 더 해 주실 말씀이 있으신 것 같은데요.

송승훈   어려운 처지를 이겨 내고 자기 의지로 성공한 사람의 이야기를 너무 많이 하면 약간 사회문제를 회피하는 부적절한 발언이 됩니다. 하지만 개인의 노력으로 열악한 환경을 극복했다는 이야기가 어느 정도는 교육적으로 의미가 있습니다. 한 개인이 인생을 잘살게 되고 성공하는 데는 개인의 노력과 사회 환경의 지원이 함께 필요하다는 말씀을 드리고 싶습니다.

고 선생님도 학교 차원에서 할 수 있는 문제해결 방법을 소개해 주시겠어요?

고성한   송 선생님이 진로 지도와 연관 지으면 도움이 될 것이라고 말씀해 주셨는데요. 저도 그 말씀에 동의합니다. 구체적으로는 진로 체험 활동이나 직업 관련 수업을 생각해 볼 수 있습니다. 직업 체험관을 방문하거나 학생들이 선망하는 직업을 가진 분을 모시고 수업을 진행할 수 있습니다. 실제로 해당 인물을 모시기가 어렵다면 인터뷰 영상이나 책을 통해 그 직업에 대해서 자세히 소개할 수도 있고요. 하고 싶은 것도 없고, 꿈도 없어서 무기력하게 지내는 학생이 있거든요. 자신이 정말 원하는 꿈을 이룬 인물을 실제로 보여 주면 긍정적인 자극을 받습니다.

둘째로, 학교 차원에서 멘토 멘티 프로그램을 진행할 수도 있어요. 예를 들면, 졸업생이나 선배를 무기력한 학생과 묶어서 멘토 멘티로 지정합니다. 교사에게는 마음을 열기 어렵지만 또래인 선배에게는 조금 더 쉽게 마음을 열거든요. 제가 실제로 6학년을 지도할 때 졸업생을 불러서 일일 특강으로 수업을 진행한 경험이 있었는데 반응이 참 좋았어요. 중학교 생활에 막연한 두려움을 갖고 있던 학생들이 선배의 말 한마디에 큰 힘을 얻더라고요. 담임인 제가 아무리 걱정하지 말라고 말해도 학생들에게 통하지 않았는데 졸업생 선배의 말 한마디는 바로 효과가 있더라고요. 때로는 또래의 조언이 교사의 조언보다 훨씬 영향력이 있다는 걸 깨달았습니다.

학급 차원에서 또 다른 활동도 할 수 있을까요?

 고성한 　　또한, '학생이 직접 만들어 가는 수업'도 있습니다. 이 활동도 제가 직접 해 봤는데요. 창의적 체험활동 시간에 학생이 한 명씩 돌아가면서 다른 학생들에게 자기가 자신 있는 걸 가르쳐 줍니다. 예를 들면, 캐릭터를 잘 그리는 방법이나 글씨 잘 쓰는 방법 같은 걸 전체를 대상으로 가르쳐 주는 거죠. 누구나 조금이라도 관심이 있고, 또 잘할 수 있는 일이 있거든요. 무기력한 학생도 마찬가지입니다. 자기가 자신 있는 걸 친구들에게 가르쳐 주면서 유능감을 얻습니다.

넷째로, 상담실과 연계한 상담 활동입니다. 담임교사도 물론 학생 지도에 신경을 써야 해요. 하지만 혼자서 무기력한 학생을 지도하는 데는 한계가 있습니다. 이런 경우에 상담 교사의 도움을 받을 수 있습니다. 학교에 상담실이 없다면 교육지원청에 있는 위센터에서 도움을 받을 수도 있고요.

─────────┤ 함께 나아가기 ├─────────

무엇인가를 할 때 허망함에서 벗어나

무기력한 학생을 돕는 방법에 대해 교사 개인이 할 수 있는 일과 학교 차원에서 할 수 있는 활동을 이야기 나누었습니다. 그러면 두 방향의 방법으로 학생을 지도할 때 교사가 어떤 마음이면 좋은지 알려 주시기 바랍니다.

송승훈　　교사가 사회 문제와 사회 정의에 관심을 두고 문제해결에 도움이 되는 무엇인가를 하고 있으면, 심리적으로 답답하거나 허망하다는 감정에 빠지지 않습니다. 교사의 답답함은 해결책

133

이 보이지 않을 때 옵니다. 그런데 당장 문제가 해결되지 않아도 문제해결에 도움이 되는 실천에 참여하고 있으면 막막한 답답함이 생기지 않습니다.

교사가 내적으로 기운이 있지 않으면 무기력한 학생을 보고 교사 자신도 정신적으로 힘들어져서 그 학생을 외면하기도 합니다. 이런 심리가 있기에 학생 문제를 연구하는 연구회나 공부 모임에 참여하면 교사에게 힘이 됩니다. 인터넷에 보면 학생 관련 문제에 대해 공청회, 저자 특강, 연구자의 발표가 종종 소개되는데, 이런 곳에 가서 문제해결과 관련된 논의를 들으면 교사에게 내적인 힘이 생깁니다.

빈곤 아동을 돕는 복지 단체나 사회 문제를 해결하려는 사회단체, 관련 교원 단체에 후원금을 내서 그 단체가 어려운 학생들을 돕는 데 기여해도 좋습니다. 꼭 기억해 주세요. 내가 이 문제해결에 기여하고 있다는 의식이 있으면 때로는 힘을 잃어도 다시 자기 기운을 회복하게 됩니다.

무기력한 학생을 보고 교사가 함께 정신적으로 힘들어지지 않는 방법을 알려 주셨어요. 마지막으로 한 말씀만 더 해 주세요.

송승훈 　　교사가 정성을 기울여 애써도 문제해결이 되지 않는 학생이 있습니다. 그러나 나중에 시간이 많이 지나서 그 학생이 어른이 되면 알게 됩니다. 그 선생님이 자신에게 관심을 기울여

주었음을요. 누군가가 나에게 마음을 내서 따뜻하게 도와주려 했다는 기억이 있으면, 용기 내어 의욕 있게 살아가려는 의지가 어둠 속의 한 줄기 빛처럼 생겨납니다. 교사가 애쓴다고 모든 교육이 다 성공하지는 못할 것입니다. 그러나 교사의 노력이 모든 아이에게 다 실패하지도 않을 것입니다. 좋은 마음으로 노력하고, 내가 노력해서 나아진 아이들을 보고 보람을 느끼고 힘을 내면 좋겠습니다.

고 선생님도 더 해 주고 싶은 말씀이 있으신가요?

 고성한   송 선생님의 말씀에 전적으로 동의합니다. 특히 마지막에 말씀하신 내용이 마음에 와닿는데요. 저희는 매년 새로운 학생을 만나잖아요. 학생 저마다 크고 작은 어려움이 있습니다. 저희가 최선으로 지도하지만 1년이란 짧은 시간 안에 해결되지 않는 문제도 많거든요. 그런 경우에는 종종 자괴감이 들기도 합니다. 사연 속 선생님이 말씀하신 무기력한 학생도 마찬가지입니다. 학습된 무기력이 장기간에 걸쳐서 고착화가 된 거죠. 그래서 1년 동안 선생님이 노력해도 변화의 기미가 보이지 않는 겁니다.

변화가 나타나지 않더라도 무기력한 학생을 포기하지 않기를 바랍니다. 우리가 학생을 지도하는 것은 1년이란 짧은 시간이지만 학생의 인생은 그보다 훨씬 길잖아요. 긴 삶의 순간 속에서 우리가 한 노력이 결실을 보는 날이 언젠가는 옵니다. 우리가 아무리 열심히 물을 줘도 1년 안에 꽃이 피는 걸 못 볼 수도 있습니다. 그래도 포기하지 않고 계속 물을 주는 우리가 되기를 소망합니다.

교사 상담 노트

- 학생이 작은 성공을 통해 보람을 느낄 만한 일을 맡긴다.

- 기본 규율을 조금씩 잡아 가야 하지만, 쉬운 과제를 내주고 격려하는 것도 필요하다.

- 자율성, 관계성, 유능감에 문제가 있는지 확인하고, 예외 질문과 기적 질문을 한다.

- 두 가지 질문을 통해 자아존중감을 강화하고 스스로 구체적 목표를 세우도록 돕는다.

- 교내에 학생이 정 붙일 곳을 만들어 주고, 미래 인생에 도움이 되는 이야기를 해 준다.

- 진로 수업, 멘토 멘티 프로그램을 진행하며 상담실과 연계한 상담 활동을 한다.

◇◇◇ 3부 ◇◇◇

교사의
학교 안 고민

08

행정 업무가 많아서
힘들어요

교사의 고민 1

안녕하세요. 저는 교사가 된 지 3년, 아직 20대인 고등학교 여교사입니다. 교사가 되기 전에 언론에서 교사의 잡무가 많다는 소리를 자주 들었는데 이 정도인 줄은 몰랐습니다. 학교에서 근무하지 않는 분들은 교사는 해지기 전에 퇴근한다고 부러워하는데, 실제 학교의 현실을 모르고 하는 말이에요. 날이 어둡기 전에 퇴근하는 것은 맞는데 선생님들은 모두 일거리를 싸 들고 가서 집이나 카페에서 작업합니다.

교사가 처리해야 하는 서류가 이렇게 많은지 몰랐어요. 지각, 조퇴, 결석 서류처럼 작은 일도 모이니 부담이 되고요. 제가 수업 들어가는 학생들에 대해 학교생활기록부에 '과목별 세부능력 및 특기사항'을 모두 입력하는 일은 엄청난 부담이에요. 교사가 되어서 이렇게 글을 많이 쓸 줄 몰랐습니다.

수업 준비, 수업 연구는 학교에서 할 생각도 못 해요. 하루에 4시간 정도 수업을 하는데, 수업이 없는 시간에는 회의하고 행정 업무를 하고 공문을 처리하다 보면 시간이 증발하는 느낌이에요. 어쩌다 일이 뜸해져서 한가하다 싶으면 제가 담임을 맡은 반에 문제가 생겨서 그 학생을 불러다 이야기하고 사건을 수습하다 보면 하루가 눈코 뜰 새 없이 지나가요.

한 학기가 보통 4.5개월 정도 되는데 그사이에 지필 시험을 두 번을 보니 시험 문제를 내고 검토한 다음에 시험을 보고 점수 확인을 하고 나면 얼마 지나지 않아 또 시험 출제를 해야 해요. 다람쥐 쳇바퀴 도는 것 같아요. 내가 이러려고 교사가 되었나 회의가 듭니다.

여유가 있으면 조금 더 행복하고 좋은 교사가 될 텐데, 어떻게 해야 할까요?

──── ┤ 공감 ├ ────

이렇게 일이 많다니

다들 학교에서 일거리를 싸 들고 집에 가거나 카페에서 일한다는 말이 놀라워요. 선생님들도 학교 일을 학교에서 끝내지 못하고 집에 가서 하세요?

송승훈　제가 교사가 된 지 27년째인데 집에서 학교 일을 많이 합니다. 결석, 지각, 조퇴 서류 같은 행정 업무는 기계적으로 하면 되는 일이어서 학교에서 다 끝낼 수 있는데요. 생각하고 고민해야 하는 일은 학교에서 하기가 어려워요. 수업 준비나 수업 연구는 학교에서 집중이 잘 안 되죠.

학교에서 교사는 수업해야 하니까 수업과 수업 사이의 빈 시간에 행정 업무를 처리하고 회의를 해요. 그사이에 어디에선가 전화가 오죠. 쉬는 시간에는 학생들이 찾아와서 다양한 용건을 말하고요. 학교에서 낮에는 집중이 어렵습니다. 그래서 단순 행정 업무는 학교에서 할 수 있는데, 생각해야 하는 수업 연구와 수업 준비는 학교 끝나고 집이나 카페에서 할 수밖에 없습니다.

고등학교 교사인 송승훈 선생님은 수업 연구와 수업 준비를 학교에서 할 수 없다고 하셨는데요. 초등학교에 계신 고성한 선생님은 어떠신가요?

 고성한　　　초등학교도 비슷합니다. 초등 담임교사는 고학년의 경우 보통 6교시 수업을 하거든요. 전담 시간을 빼도 담임이 주당 24시간 내외의 수업을 하게 됩니다. 하루에 보통 5시간가량을 수업하는 꼴인데요. 수업하면서 다른 업무를 같이 처리하긴 어렵죠. 그러니 학생들 하교 후에 본격적으로 업무를 처리하게 돼요.

보통 수업을 마치고 나면 퇴근 전까지 약 2시간 정도 시간이 남습니다. 그 2시간 동안 많은 일을 처리해야 합니다. 크게 담임 업무, 행정 업무, 수업 준비를 해야 하죠. 그런데 세 가지 분야 모두 일이 많아요. 솔직히 말해서 2시간 동안은 한 가지 분야의 일도 제대로 처리하기가 어렵습니다. 그래서 시간을 쪼개 가며 최대한 급한 일부터 처리하게 되죠.

최대한 급한 일이라면 수업 준비를 말씀하시는 거죠?

 고성한   교사에게 가장 중요한 일은 수업입니다. 그런데 안타깝게도 수업 준비가 우선순위에서 밀릴 때가 많아요. 담임 업무와 행정 업무는 보통 마감 시간이 정해져 있거든요. 퇴근 전까지 기한 내에 담당자에게 자료를 제출해야 합니다. 그러니 학교에 있는 동안 급한 일, 즉 행정 업무와 담임 업무부터 처리하게 되죠. 그리고 업무를 하는 중간에 학년 회의나 교직원 회의도 있고요. 학생 상담, 학부모 상담도 불쑥 잡힙니다. 당장 오늘까지 제출해야 할 업무를 급하게 처리하고 나면, 어느새 퇴근 시간이 되어 있어요. 선생님 대부분 공감하실 겁니다.

퇴근 시간이 되었는데 수업 준비는 하나도 못 한 상태잖아요. 그러면 어떻게 하세요?

 고성한   퇴근 시간이 되었다고 편안한 마음으로 집에 돌아갈 수 있나요. 수업 준비는 아직 시작도 못 했잖아요. 수업 준비가 안 되어 있는 상태에서 다음 날 맨몸으로 아이들 앞에 설 수는 없습니다. 수업 준비를 안 하면 자신도 부끄럽고 학생들도 다 알거든요. 그래서 퇴근 시간 이후에 수업 준비를 할 때가 많습니다. 학교에 남거나 집이나 카페에서 수업 준비를 하죠.

중등이나 초등이나 모두 학교에서 교사의 시간은 격렬하다는 생각이 듭니다. 이런 환경에서 안 좋은 모습인 선생님이 있겠고, 괜찮게 대응하는 선생님이 있겠는데요. 먼저 안 좋은 경우를 소개해 주시죠.

 송승훈 　　'힘든 일이 있어도 나 혼자 견디고 말지!' 이렇게 생각하면 안 돼요. 그러면 마음속에 어두운 기운이 생기고 분노가 쌓여서, 예기치 않은 상황에서 터져 나올 수 있어요. 또는 경력이 쌓이면서 고약한 고경력 교사가 되어 버리기도 해요. 자기에게 쌓이는 부담이 너무 심해지지 않도록 적당히 털어 주거나 해소를 해야 해요.

개인적으로 지금보다 상황이 나아지게 하는 무엇인가를 하거나, 학교 차원에서 개선하거나, 동료와 자주 웃으면서 그 웃음으로 힘듦을 떨쳐 내면 좋아요. 이런 대응 없이 혼자 속으로 끙끙 앓으면서 힘든 것을 참으면 사람이 이상해질 수 있어요.

각박한 환경에서 괜찮게 대응하는 선생님도 있는데 안 좋은 모습을 보이는 선생님도 있잖아요. 고성한 선생님은 주변에서 어떤 선생님들을 보셨어요?

🧑 고성한 　　저도 학교 현장에서 다양한 선생님들을 경험했습니

다. 대부분의 선생님은 수업도 잘하시고, 행정 업무도 잘 감당하세요. 그런데 그렇지 않은 경우를 소개해 달라고 하셨잖아요. 크게 두 가지 경우를 생각해 볼 수 있습니다.

먼저, '나는 수업만 할래' 형이에요. 큰 틀에서 교사는 교육과 무관한 업무를 하면 안 됩니다. 즉 교원 업무 정상화가 이뤄져야 하죠. 그런데 제가 드리는 말씀은 그런 경우가 아닙니다. 교원 업무 정상화와 무관하게 단순히 자신에게 주어진 업무를 피하려는 교사가 있습니다. 여러 가지 핑계를 대며 자신의 업무를 다른 교사에게 넘기는 거죠. 결과적으로 본인은 수업에만 집중할 수 있겠지만 주변 동료들은 더욱더 과중한 행정 업무에 시달리게 됩니다.

두 번째로는 '나는 행정 업무만 할래' 형이에요. 사실 수업은 성과가 눈에 잘 보이지 않습니다. 반면에 행정 업무는 시간과 노력을 들인 만큼 성과가 명확합니다. 그래서 눈에 확 띄는 행정 업무에만 몰두하는 분이 간혹 있습니다. 물론 자신이 맡은 행정 업무를 열심히 감당하는 것까지는 참 좋습니다. 문제는 수업은 신경 쓰지 않는다는 거예요. 수업도 대충 하고 생활지도에도 관심을 두지 않은 채 행정 업무에만 몰두하면 학생들이 피해를 보죠.

학교 차원에서 행정 업무 줄이기

행정 업무가 너무 많아서 힘이 든다는 사연에 도움을 드리고 싶어요. 행정 업무를 줄이는 방법을 알려 드리는 것이 가장 도움이 되겠죠. 먼저 학교 차원에서 행정 업무의 부담을 줄이는 방법을 살펴보면 좋겠는데요. 어떤 것들이 있을까요?

 송승훈 학교 구성원이 똑같은 부담으로 업무를 하는 방법이 있습니다. 업무 균등화인데요. 각각의 일을 누가 맡을지 사람을 정해 두지 않은 상태에서 업무 분장을 매우 구체적으로 하는 것입니다. 그런 다음에 인사위원회에서 정해지는 대로 각각의 업무를 맡으면 업무가 몇몇 사람에게 쏠리지 않아요.

누군가가 일을 적게 맡으면 그만큼 다른 사람이 일을 많이 하게 됩니다. 학교 차원에서 행정 업무의 부담을 줄이려면 구성원의 업무 분담을 할 수 있는 데까지 똑같이 나누어야 합니다. 이게 출발입니다!

제가 학교에서 고경력 교사인데요. 제 또래나 선배들에게 이야기해요. 젊은 후배들보다 일을 적게 맡으면 그 후배들이 우리를 좋아하겠느냐고, 앞에서 웃지만 뒤에서 흉볼 거라고, 그러니 젊은 선생님들과 차별 없이 똑같이 일을 맡고 멋지게 해내자고요. 그래야 후배 선생님들이 우리를 존중할 거라고요. 일을 적게 하고 후배들에게 따가운 눈초리를 받기보다는, 일을 똑같이 하고 후배들과 잘 지내는 게 더 행복하다고 말하곤 해요.

학교에서 저와 같은 50대 교사들이 자신에게 들어오는 달콤한 제안을 탁 끊어 내면 여러 구성원의 업무 부담이 줄어듭니다. 달콤한 제안이 무엇인가 하면, "선생님은 고경력자가 되기까지 힘들게 일해 오셨으니까 이제는 편하게 일을 빼 드릴게요." 하는 말이에요. 진짜 달콤해서 이 말을 들으면 마음이 흔들리지 않을 수가 없어요. 그러나 이겨 내야죠!

하하 재밌습니다. 달콤한 제안을 이겨 내는 선배 선생님들이 많으면 좋겠습니다. 이게 출발이라면 그다음에 더 할 수 있는 일이 있다는 건데, 알려 주세요.

송승훈   그다음에는 안 해도 되는 일을 찾아서 없애는 겁니다. 예전에는 해야 했지만 교육청에서 업무 효율화를 하면서 이제는 없어진 일이 있는데 이것을 계속하는 경우가 꽤 있어요. 교육청 누리집에 가면 업무 효율화 안내서가 피디에프 파일로 올라와 있는데, 이 자료를 공부해야 해요. 그 자료집에 안 해도 된다고 나와 있는데도 학교에서 계속 하는 일이 있다면 논의해서 조정해야 합니다. 행정 업무는 교육청의 표준 업무 안내에 따라 모든 학교에서 똑같이 하게 되어 있습니다. 교육청 지침에 안 해도 된다고 나와 있는데 하면 안 됩니다.

만약 논의했는데도 그 일을 계속한다면 민원을 내거나, 교육감에게 편지를 쓰거나, 교원 단체와 소통하거나, 인터넷 게시판에 글이라도 써야 합니다. 그렇게 해서 교육청의 업무 효율화 지침이 학교에 정상적으로 적용되게 해야죠.

그리고 학교 자체에서 행정 업무를 되도록 간단하게 하려고 노력해야 합니다. 예를 들면, 학생이나 학부모나 교사에게 의견을 묻는 설문을 종이로 안 하고 구글 폼으로 만들어서 단체채팅방에 링크를 올리면 편하게 일이 돼요. 종이로 설문을 받아서 하나하나 집계하면, 일도 번거롭지만 왜 이렇게 비효율적으로 일을 하나 싶어서 마음이 지칩니다. 최신 도구를 활용해서 일을 쉽게 해야 합니다. 가정통신문도 종이로 인쇄해서 학생들에게 나누어 주게 하면, 그것도 일이 됩니다. 스마트폰 앱이나 휴대전화 문자로 학부모에게 안내하면, 가정통신문을 인쇄하고 나누어 주는 일이 모두 사라져서 여기에 드는 시간이 줄어듭니다.

학교 안에서 계속 목소리를 내고 건의하면 그만큼 학교의 행정 업무가 편해집니다.

고성한 선생님은 송 선생님의 말씀에 대해서 어떻게 생각하세요?

 고성한　　　송 선생님이 말씀하신 내용에 진심으로 공감합니다. 특히 선생님은 고경력 교사임에도 일을 균등하게 가져가야 한다고 말씀하셨는데, 저는 그 대목에서는 정말 큰 박수를 드리고 싶어요. 송 선생님 같은 분이 학교에 많다면 행복한 학교가 될 거예요.

업무를 균등하게 배분하지 않아서 저경력 교사와 고경력 교사 사이에 갈등이 생기는 경우가 종종 있습니다. 저경력 교사는 경험이 많은 고경력 교사가 왜 가벼운 업무만 맡냐고 불만을 나타냅니다. 한편 고경력 교사는 본인들도 젊었을 때 고생하면서 힘든 업무를 했다고 주장해요. 지금까지 관행적으로 고경력 교사를 예우해 왔는데 왜 그걸 이제 와서 문제 삼냐고 불만을 보입니다. 두 입장 모두 충분히 납득이 됩니다. 평소 둘 사이의 틈을 좁히는 방안을 찾았는데 송 선생님이 말씀하신 방법도 좋은 해결책으로 보입니다.

고 선생님에게 질문을 드릴게요. 학교 차원에서 행정 업무에 대한 교사의 부담을 줄이는 방법은 무엇이 있을까요?

 고성한   한 가지만 말씀을 드릴게요. 저는 학교 차원에서 꼭 필요한 행사나 업무만 하자고 말씀드립니다. 꼭 필요한 일이 아니라면 과감하게 생략하자는 겁니다. 학년 초에 학교 교육과정을 짤 때 행사나 업무가 꼭 필요한지 하나하나 따져 봐야 합니다. 꼭 필요하지 않은데도 관행적으로 해 오던 일을 정리해야 합니다.

한 가지 예를 들어 주실 수 있을까요?

 고성한   예를 들어서, 우유 급식을 살펴보겠습니다. 대부분의 초등학교에서 아침마다 학생들에게 우유를 먹입니다. 많은 학부모가 우유 급식을 신청하지만 우유 먹기를 싫어하는 학생도 많습니다. 그래서 매일 아침 교사와 학생 간에 갈등이 생깁니다. 우유를 억지로 먹이자니 체할 것 같고, 학부모가 돈을 주고 주문한 우유를 그냥 버리기도 곤란하거든요. 그렇다고 학생이 그냥 집에 가져가도록 할 수도 없습니다. 며칠 동안 책가방 속에 우유를 방치하다가 우유가 중간에 상할 수 있거든요.

중간에서 참 곤란하겠네요. 그러면 교사가 우유 급식에서 구체적으로 어떤 일을 하는지 말씀해 주실 수 있을까요?

 고성한 　　　우유 급식이 별일 아닌 것 같지만 신경 쓸 일이 많아요. 학기초에는 우유 급식 가정통신문을 발송하고 신청서를 걷어서 제출합니다. 학기중에는 우유통 가져오기, 우유 개수 확인, 우유 급식 독려를 합니다. 우유 급식 후에는 우유 세척 확인, 반납 개수 확인을 하죠. 그리고 남은 우유 처리, 우유통 반납도 합니다. 이런 일들을 매일 반복하죠. 문제는 우유 급식 말고도 학급에서 매번 챙겨야 할 일들이 많다는 겁니다.

저는 우유 급식이 예전부터 하고 있던 사업이라 당연히 해야 하는 일이라고 생각했어요. 그런데 코로나19가 한창일 때 감염 우려로 우유 급식이 잠시 중단되었거든요. 그때 동료 교사와 이런 말을 했습니다. 이 일을 그동안 우리가 왜 하고 있었는지 모르겠다고요. 우유를 주문해서 먹이는 일은 가정에서도 충분히 가능한 일이잖아요. 학교가 아니면 할 수 없는 일도 아니고요. 이처럼 관행적으로 학교에서 하는 일이 많습니다. 그런 일 하나하나에 담임교사의 노력이 필요해요.

───── ┤ 상담 2 ├ ─────

개인 차원에서 행정 업무 경감을 위해 노력하기

학교 차원에서 행정 업무를 줄이는 방법을 이야기했는데, 그러면 이제 개인 차원에서 행정 업무에 대한 부담을 줄이는 방법을 알려 주시겠어요? 개인적으로 노력하면 효과를 볼 수 있는 방법은 어떤 게 있나요?

송승훈   먼저 업무 장비를 좋은 것으로 사라고 말씀드려요. 모니터를 큰 것으로 사서 학교 개인 컴퓨터에 설치하세요. 화면이 크면 업무 효율이 많이 높아집니다. 학교에서 개인 업무 컴퓨터가 노트북이라면 학교생활기록부와 공문 작업할 때 화면이 작아서 눈이 아픕니다.

컴퓨터나 노트북의 성능이 나빠서 작동 속도가 느리면 개인 돈을 들여서라도 업그레이드해서 속도를 빠르게 하고요. 학교 업무인데 왜 내 돈을 쓰냐고 하는 분이 있는데, 내 업무 장비를 좋게 해서 빠르게 업무 처리를 하면 결과적으로 내 시간을 절약할 수 있습니다. 키보드와 마우스도 자기 손에 맞는 제품으로 따로 구매하면 좋습니다.

그리고 저는 주말에 시간이 날 때 집중적으로 다음 주 일을 해 놓는 방법을 씁니다. 이렇게 하면 주중에 학교생활에 여유가 생깁니다. 왜 주말에 직장 일을 하느냐, 이렇게 생각할 수 있지만 이 방법을 한 번 써 보면 그 효과를 몸으로 느끼실 거예요. 저는 이렇게 해서 학교에서는 하루에 한 시간 정도는 혼자 있으면서 저를 회복하는 시간으로 쓰고 있어요.

예상하지 못한 해결책을 말씀해 주셨네요. 개인 비용으로 업무 장비를 좋게 하고 주말에 일하라니, 이게 해결책이 맞나요? 효과가 있다고 송승훈 선생님이 말씀하시니 한 번 생각해 주시기 바랍니다. 또 어떤 방법이 있나요?

송승훈　　어떤 선생님은 아침에 일찍 출근해서 그날의 업무 처리를 끝내고 그 이후에 자기 시간을 여유 있게 쓰는데, 이 방법도 좋고요. 평일 중에서 하루 정도 저녁 시간에 카페에 가서 업무를 몰아서 하는 방법도 좋습니다.

출근해서 학교 일이 너무 바쁘면 마음속에서 어두운 기운이 올라와요. 내 안에서 분노가 올라올 때는 점심때 학교 건물 바깥에서 걷든지, 또는 오전과 오후에 시간을 내서 잠깐이라도 걷고 혼자 바람을 쐬면 좋습니다. 이렇게 말하면, 바쁜데 산책할 시간이 나겠느냐고 생각할 수 있는데요. 제 경험으로는 쉬는 시간 없이, 점심시간에도 밥만 먹고 자리에 와서 일해도 '바쁜 정도'는 비슷하더라고요. 적절하게 쉬는 시간을 확보하지 않고 일만 하면, 일하는 능률이 떨어지기 때문이에요.

그리고 온갖 궁리를 해서 일을 쉽게 해야 합니다. 영혼을 담아서 할 일은 성의껏 정성을 들여서 하고요. 그러니까 교사가 성의를 들이면 학생에게 도움이 되는 일은 정성껏 합니다. 그런데 형식적으로 서류를 만들어야 하는 일은 최대한 빠르게, 짧고 굵게 처리하고 끝내는 게 좋습니다. 단순하게 행정 서류를 처리하는 일이라면 영혼 없이 빨리 처리해야지, 시간을 들여서 편집을 예쁘게 하고, 1쪽으로 만들어도 되는 문서를 3쪽으로 늘려서 일하는 티를 내려고 하면 절대 안 됩니다. 제가 부장을 맡으면 저희 부서원들에게 항상 하는 말이 있습니다. 사업 계획서는 최대한 짧게 만들라고 합니다. 웬만하면 에이포 1장에 다 담고, 절대 분량을 늘리지 말라고 해요.

그 밖에도 자잘하게 학교 일을 줄이는 요령이 있습니다. 성적표에 담임 도장을 찍고 표지를 만들어서 교장과 교감의 도장을 받는 학교가 있는데요. 여기서 교장과 교감의 도장 날인은 안 해도 되는 일입니다. 성적표에는 담임 도장을 찍는 칸만 있거든요. 그러니 담임 도장만 찍으면 됩니다. 교장이 업무 시스템으로 성적표를 다 볼 수 있어서 점검은 도장과 상관없이 할 수 있습니다. 의미 없는데 관행으로 해 오던 일을 없애면 학교 일이 조금이나마 편안해집니다.

부서에서 사업 계획 문서를 에이포 1쪽으로 하고 되도록 분량을 줄이라고 안내한다는 말씀이 인상 깊었습니다. 고성한 선생님은 어떤 방식으로 행정 업무를 편안하게 하시는지요?

 고성한   송 선생님은 업무 장비를 좋은 것으로 구비하라고 말씀하셨잖아요. 적극적으로 동의합니다. 저도 듀얼 모니터를 사용하면서 업무 효율성이 높아졌거든요. 그리고 한 가지를 더 말씀드리고 싶어요. 학교에서 업무를 위해서 엑셀, 아래한글, 파워포인트 같은 다양한 소프트웨어를 사용합니다. 소프트웨어의 사용 방법을 제대로 익히면 좋습니다. 단축키만 잘 사용해도 업무 시간을 대폭 줄일 수 있기 때문입니다.

그렇군요. 선생님들이 행정 업무를 하는 데 많은 도움이 될 듯합니다. 또 말씀해 주실 내용이 있을까요?

 고성한   송 선생님이 조금 전에 하셨던 말씀과 비슷한 맥락인데요. 제출만 하면 될 일과 열심히 해야 할 일을 구분해야 합니다. 저는 예전에는 모든 업무를 구분하지 않고 열심히 했는데요. 그럴 필요가 없다는 걸 뒤늦게 깨달았습니다. 물론 모든 일을 완벽하게 수행하면 좋겠지만 시간이 제한되어 있잖아요. 보다 의미 있는 일에 시간을 더 쓰고 덜 중요한 일은 시간을 덜 써야 합니다. 현재는 크게 의미 없는 일은 빠르게 처리하는 데만 의의를 둡니다. 그리고 심혈을 기울여야 하는 일은 더 많은 에너지를 써서 꼼꼼하게 처리를 하고요.

한 가지 더 말씀드리고 싶은 내용이 있는데요. 저는 처리하지 못한 업무가 남아 있으면 수업에 집중을 잘 못 하는 편이에요. 그래서 기한이 많이 남아 있더라도 처리해야 할 업무가 있으면 바로바로 처리해 놓습니다.

｜ 함께 나아가기 ｜

행정 업무를 대하는 교사의 태도

학교 차원에서, 또 개인 차원에서 행정 업무 줄이는 방법을 모두 살펴봤는데요. 사실 내가 지금 이 상황을 어떻게 받아들일 것이냐, 이런 마음가짐도 참 중요합니다. 특히 사연을 보내 주신 분처럼 아직 새내기 교사라면 더 그렇고요. 넘쳐나는 행정 업무, 어떻게 받아들여야 할까요?

송승훈　교사들은 학창 시절에 똑똑하고 공부를 잘했고 입시 경쟁에서 성공한 분들이지요. 그러다 보니 상황이 안 좋아도 개인의 능력으로 돌파하려는 태도가 많아요. 안 좋은 환경에서도 자기 힘으로 헤쳐 나온 성공 경험이 있기 때문이에요.

그런데 학교에서 교사로 사는 삶은 학창 시절처럼 몇 년 안에 끝나는 것이 아니잖아요. 교사로 사는 삶은 퇴직 때까지 계속 이어져요. 그래서 개인의 능력만으로 헤쳐 나가려고 하면 어느 순간에 지칩니다. 그러면 학교 가기가 싫어지고 모든 일에 의욕이 떨어져요. 번아웃이 올 수 있어요.

제 주변에도 번아웃으로 힘들어 하는 분들이 많습니다. 어떻게 해야 번아웃이 오지 않게 할 수 있을까요?

송승훈　　　동료에게 폐가 안 되는 범위에서 도움을 요청하세요. 그리고 가까운 동료가 힘들어 하면 먼저 다가가서 도와주세요. 교사 중에서는 힘든데도 자존심 때문에 주변에 손을 못 내미는 분이 있어요. 그럴 때 내가 먼저 다가가서 도와주어야 해요.

언제든 누가 힘들어 하면 모른 척하지 않고 돕는다는 마음이 그 공동체 구성원에게 있으면 학교생활이 나아집니다. 힘들 때는 일만 힘든 게 아니라 정서적 위기가 함께 찾아오거든요. 동료와 서로 도우면 힘이 덜 들고, 화가 날 때도 서로 공감해 주면 어느 정도는 해결돼요.

자신을 외롭게 두지 말고, 동료를 외롭게 두지 않으셨으면 해요.

고 선생님은 어떠셨나요? 주변에 번아웃이 온 선생님이 있나요?

고성한　　　많은 교사가 학생들과 소통하며 의미 있는 수업을 하고 싶어서 교사라는 직업을 선택했습니다. 그런데 막상 현장에 오니 업무도 많고 수업 준비할 시간도 부족해요.

그래서 퇴근 후에도 업무를 처리하고 수업 준비를 하죠. 퇴근 후의 쉼과 여유는 포기하고요. 예전에는 이렇게 사는 교사가 멋있다고 생각했습니다. 그런데 쉬지 않고 달리면 문제가 생깁니다. 몸과 마음이 고장 나는 거죠. 밤낮없이 학교 일에만 매진하다가, 신체적으로나 정신적으로 어려움을 겪게 되는 분들을 주변에서 종종 보았습니다.

그렇군요. 그러면 어떻게 하면 좋을까요?

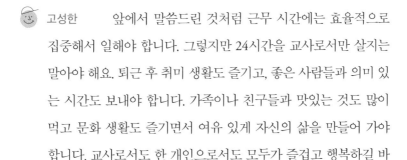 고성한　앞에서 말씀드린 것처럼 근무 시간에는 효율적으로 집중해서 일해야 합니다. 그렇지만 24시간을 교사로서만 살지는 말아야 해요. 퇴근 후 취미 생활도 즐기고, 좋은 사람들과 의미 있는 시간도 보내야 합니다. 가족이나 친구들과 맛있는 것도 많이 먹고 문화 생활도 즐기면서 여유 있게 자신의 삶을 만들어 가야 합니다. 교사로서도 한 개인으로서도 모두가 즐겁고 행복하길 바랍니다.

교사 상담 노트

- 업무를 균등하게 나누면 여러 구성원의 부담이 줄어든다.

- 관행적으로 해 오던 일을 정리하고, 같은 일도 되도록 간단하게 한다.

- 업무 장비를 좋은 것으로 구입하고 소프트웨어의 사용 방법을 익힌다.

- 정성껏 해야 할 일은 열심히 하지만, 제출만 해도 되는 일은 최대한 가볍게 한다.

- 개인의 능력에만 의지하면 지칠 수 있으니 힘들 땐 폐가 안 되는 범위에서 도움을 요청한다.

09

통합교육이 어려워요

교사의 고민 1

안녕하세요. 저는 초등 5학년을 맡고 있는 담임교사입니다. 경력도 어느 정도 되고 학급운영에도 자신이 있어요. 지금까지 학급 담임을 하면서 저희 반에서 큰 문제가 생긴 적은 한 번도 없었습니다. 그런데 올해는 그렇지가 않네요. 학급에 끊임없이 문제가 일어납니다.

저희 반에 반복해서 문제행동을 일으키는 학생이 있어요. 주로 수업 시간에 갑자기 소리를 지릅니다. 왜 그러냐고 물어도 제대로 답도 하지 않아요. 제가 부드럽게 말하거나 때로는 엄하게 하지 말라고 해도 아무 소용이 없습니다. 벽을 보고 혼자 말하는 느낌만 들어요. 문제는 그 학생의 소리 지르는 행동이 빈번하다는 겁니다.

저희 반에는 물론 학급 규칙이 있어요. 그런데 이 학생은 학급 규칙을 전혀 지키지 않습니다. 규칙 자체를 전혀 신경 쓰지 않으니까 다른 학생들도 덩달아서 규칙을 지키지 않으려고 합니다. 교실 곳곳에서 폭력과 욕설도 난무하고요.

이 학생이 제 말을 무시해서 그러는 건지 규칙 자체를 이해하지 못하는 건지 가끔 헷갈립니다. 엄하게 지도하려다가도 이 학생에게 혹시 장애가 있는 건 아닐까 하는 생각이 들거든요. 그래서 심하게 뭐라고 하지도 못해요. 제 눈도 잘 못 마주치고 소통도 전혀 안 되는 학생을 지적하는 게 큰 의미가 없어 보이거든요. 사실 개인적인 생각으로는 자폐증이 아닌가 생각이 듭니다.

문제행동이 반복되어서 참고 참다가 학부모에게 연락했습니다. 그런데 학부모의 태도가 완전히 비협조적이에요. 자폐증이 염려되니 병원 검사를 받아 보면 어떻겠냐고도 말했거든요. 그랬더니 학부모가 4학년 때까지는 이런 일이 한 번도 없었고 집에서도 아무런 문제가 없대요. 5학년 담임교사인 제가 잘못해서 학급에서 그런 행동을 보이는 것 같다며 제 탓만 합니다. 학부모는 제 말을 도통 믿지 않아요. 하도 답답해서 이 학생의 4학년 때 담임교사에게 하소연을 해 봤습니다. 직년에도 지금과 크게 다르지 않았대요. 학생의 행동도 학부모의 반응도요.

하루는 교감 선생님, 교장 선생님을 찾아뵙고 이런 상황을 말씀드렸습니다. 작년에도 올해도 이런 상황이 반복되고 있으니 적극적인 개입을 부탁드렸어요. 그랬더니 그건 담임의 몫이라며 담임이 책임지고 교실을 지키라고만 합니다. 학생도 제 통제에 따르지 않고 학부모도 제 말을 들어주지 않아요. 관리자도 문제 상황에 개입하지 않고요. 이런 상황에 심각한 분노와 절망을 느낍니다. 모두 담임인 제가 책임지고 문제를 풀어 가라고만 하는데 저는 이제는 그렇게 할 힘이 없습니다. 제가 어떻게 해야 할까요?

| 공감 |

통합 학급 지도의 어려움

먼저 통합 학급 안에서 장애 학생을 어떻게 지도하면 좋을지를 얘기해 봤으면 좋겠습니다. 고 선생님은 통합 학급을 맡으신 적 있나요? 경험이 있으시다면 통합 학급을 지도하면서 어떤 일을 겪으셨는지 궁금해요.

😊 **고성한**　　　통합 학급 담임을 여러 번 맡아 봤어요. 장애 학생, 비장애 학생을 함께 지도하는 통합 학급을 맡으면서 보람된 일이 많았습니다. 물론 어려운 점도 많았고요. 사연처럼 장애 학생이 반복적으로 소리를 지르는 일도 있었고, 수업 시간에 여기저기 돌아다니는 일도 있었습니다. 그런데 사연과 달랐던 점은 저희 반 학생은 명확하게 장애 진단을 받았고 특수교육 대상으로 선정이 되었다는 겁니다.

그래서 저는 조금은 더 수용적인 마음으로 학생의 행동을 이해할 수 있었습니다. 또한, 특수 교사와 협력하면서 이 학생에게 더 적합한 내용을 가르칠 수 있었고요. 장애 학생 학부모도 협조적이어서 학교와 가정에서 일관적인 방법으로 지도할 수 있었어요. 그 외에도 여기저기서 도움을 많이 받는데도 통합 학급을 지도하며 많이 힘들었습니다. 사연 속 선생님은 도움을 받지 못하고 있다니 안타깝습니다.

송승훈 선생님도 비슷한 경험이 있으신가요?

송승훈   예전에 제가 담임을 맡은 반에 특수교육 대상인 학생이 있었어요. 저희 반이 서울 인사동으로 현장체험학습을 갔는데, 거기서 이 학생이 볼거리가 많고 사람들이 많으니까 숨을 씩씩 몰아쉬면서 흥분했어요. 신호등이 있는 건널목을 건너가는데 거칠게 걸어가서 제가 제지를 하는데 제 손을 뿌리치고 제 말을 듣지 못하는 상태가 되었어요. 그때 제가 깜짝 놀랐어요. 이거 사고가 나겠는데 싶어서였죠. 다행히 그날 아무 일도 없었지만, 잠깐 제 말이 그 학생에게 들리지 않고 학생이 흥분해서 씩씩대던 순간에는 위험한 상황이었어요.

제가 성장기에 여러 경험을 해서 사람의 미묘한 마음을 잘 읽어낸다는 소리를 듣는 사람이었거든요. 대학 때 술에 취해서 움직이지 않는 후배도 제가 가서 몇 마디를 하면 벌떡 일어나 움직였거든요. 술에 취해서 움직이지 않는 사람의 그때 마음이 있는데, 그 마음을 읽어 주면서 말을 걸면 술에 취한 사람도 움직이게 돼요. 그런데 특수교육 대상인 학생에게는 제 말과 지도가 전혀 먹히지 않는 상황이 종종 있었어요.

언젠가는 학생이 무슨 불만이 있는지 자기 자리에서 움직이지 않는 거예요. 화난 표정만 짓고요. 왜 그러느냐고 물어도 대답을 안 해요. 그 학생을 가르치면서 알았어요. 아, 이 학생들에게는 내가 이때까지 살면서 배워 온 능력으로는 소통이 안 되는구나.

그때 특수교사에게 전화해서 저희 반에 지금 상황이 이런데 도와 달라고 했어요. 특수교사가 와서 그 학생에게 말을 몇 마디 하니까 꿈쩍하지 않던 학생이 바로 일어나 움직이는 거예요. 그 모습을 보고 특수교육 대상 학생들을 가르치는 것은 따로 배워야 한다는 걸 깨달았죠.

───────┤ 상담 1 ├───────

학부모가 검사를 거부하는 이유

통합 학급에서 장애 학생과 비장애 학생을 함께 지도하면서 또 다른 어려움도 겪으셨을까요?

 고성한   학급 내에서는 누구도 소외되거나 따돌림을 당하면 안 됩니다. 그런 학급을 만드는 데 담임의 역할이 큽니다. 그런데 그게 말처럼 쉽지 않아요. 각기 다른 개성을 가진 학생 한 명, 한 명이 조화를 이루도록 분위기를 잘 만들어야 하기 때문입니다. 그만큼 담임이 학생들을 잘 살피고 신경을 써야 하죠. 통합 학급은 더욱더 어렵습니다. 짓궂은 학생이 장애 학생을 소외시키거나 은근히 무시하는 경우도 많거든요. 그래서 비장애 학생들이 장애 학생을 배척하지 않도록 학급 분위기를 만들어야 합니다.

저는 그 과정에서 의도적으로 장애 학생을 주목하고, 또 칭찬하는 일이 많았습니다. 그런데 일부 비장애 학생은 역차별당한다고 느끼더라고요. 비장애 학생에게 그런 상황을 설명하고 이해시키는 데도 시간과 노력이 필요했습니다.

송승훈 선생님은 어떤 어려움이 있으셨나요?

송승훈   안타깝게도 장애 학생을 놀리고 괴롭히는 학생이 극소수 있어요. 그러면 장애 학생은 정서적으로 크게 충격을 받아요. 저는 비장애 학생 중에서 착한 학생들에게 장애 학생을 지켜 주라고 이야기해 두어요. 교실에는 착한 학생들이 항상 있어서 알아서 장애 학생을 챙겨 주기도 하는데, 교사가 그 학생을 은근히 격려해 주면 힘이 나서 친구를 더 잘 돕게 돼요. 교사가 관심 두고 직접 장애 학생을 지켜 주어야 하고요. 교사의 눈이 늘 장애 학생에게만 가 있을 수 없으니까, 교사가 없는 곳에서 놀림이나 괴롭힘을 당하지 않도록 착한 학생 두셋이 장애 학생을 지키게 하는 게 필요합니다.

어떤 학생이 장애 학생을 놀리고 괴롭힐 때, 주변에서 다른 학생들이 그 행동에 동조하지 않고 불쾌하다는 티를 내면 잘 놀리지 못하게 됩니다.

다시 사연 속 얘기로 돌아가 볼게요. 선생님은 자폐증을 염려하고 학부모가 검사를 받길 바라고 있어요. 하지만 학부모는 검사받는 것 자체를 거절하는 상황이에요. 고 선생님은 이유가 뭐라고 생각하세요?

 고성한   첫째로, 자기 자녀가 낙인찍히고 배제될까 봐 걱정스럽기 때문입니다. 학부모는 자녀가 학교에서 담임교사와 친구들에게 사랑받기를 원합니다. 그런데 자신의 아이가 장애 진단을 받으면 담임교사와 친구들에게 좋은 인상을 주지 못한다고 생각합니다. 즉, 주변에서 장애 학생이라는 이유만으로 선입견과 편견으로 대한다는 거죠. 그래서 검사받고 진단받지 않으려고 하는 겁니다.

둘째로, 두려움 때문에 검사 자체를 회피하는 겁니다. 실제로 병원이나 기관에서 검사해 보면 자폐증 진단을 받을 수도 있지만 그렇지 않을 수도 있어요. 그런데 만에 하나라도 아이가 자폐증 진단을 받는다면 가족의 삶에 엄청난 변화가 생깁니다. 학부모가 그 사실을 받아들이는 게 쉬운 일은 아닐 거예요. 그런 두려움 때문에 검사 자체를 피하는 겁니다.

송승훈 선생님은 어떻게 생각하세요?

🙂 송승훈   아이에게 지적장애 같은 문제가 있을 때 의사에게서 특수교육 대상자로 인정을 받아야 하는데, 그 상황 자체를 회피하는 경우가 적지 않게 있어요. 부모가 사는 게 힘들 때 이런 회피가 더 많아요. 이 모습을 보는 담임교사는 마음이 답답해지지요. 교사의 눈에는 이 학생은 진단을 받아야 하는데, 부모가 회피하면 치료 지원을 받지를 못해요. 남학생이면 나중에 군대에도 갈 수가 있는데, 어려운 상황이 생길 수가 있죠.

예전에 담임을 맡은 지적장애 학생 중에서 어떤 학생에게는 망상이 있었어요. 학교에서는 정신건강의학과에 가서 치료를 받아야 한다고 말했는데, 부모가 자꾸 회피했어요. 그 학생은 자꾸 누가 자기를 공격하러 온다는 생각에 빠져 있었어요. 어느 날 교실에서 이 남학생이 칼을 들고 여학생을 위협하는 사건이 터진 뒤에야 학부모는 아이를 병원에 데리고 갔지요.

험악한 사례만 말씀드렸는데, 시적장애로 득수교육 대상자인 여학생도 제가 담임으로 가르친 적이 있는데, 이 학생은 참 착해서 학생들이 다들 좋아하고 잘 지낸 일도 있습니다. 비장애 학생들이 다양하듯이 특수교육 대상 학생들도 다양합니다.

사연을 보면 학부모가 학생의 어려움을 인정하지 않는 것 같아요. 고 선생님 말씀처럼 실제로 자녀가 자폐증 진단을 받을까 걱정되어서 검사받는 것 자체를 하지

않을 수도 있겠고요. 그런데 학생이 계속 문제행동을 일으키고 있잖아요. 이럴 때 담임교사는 참 난감할 것 같거든요. 어떤가요?

 고성한   아이를 위해서라도 담임교사가 계속해서 학부모를 설득해야 합니다. 제가 보기에 사연을 보내 주신 선생님은 이미 학부모를 설득하고 계신 것 같아요. 그런데 여러 차례 검사나 진단을 권해도 학부모가 거절한다는 게 문제입니다. 사실 이럴 때 담임으로서 참 곤란합니다.

---| 상담 2 |---

검사를 회피하는 학부모에 대한 대처 방안과 통합 학급 운영 방안

이럴 때 어떻게 대처하면 좋을까요?

 고성한   먼저 앞에서 언급한 원인을 다시 한번 살펴볼 필요가 있습니다. 학부모 입장에서 자녀가 학급에서 배제될까 봐 두려울 수 있거든요. 그래서 진단 자체를 꺼릴 수 있습니다. 학부모가 그런 생각을 하고 있다면 천천히 그리고 꾸준히 학부모를 안심시켜야 합니다. 학생을 학급에서 배제하려고 검사를 하는 게 아니라는 걸 알려 주는 거죠. 학생을 돕기 위한 행동이라는 걸 명확히 밝히는 겁니다.

여기서 전제 사항이 있어요. 그건 바로 학부모와의 라포 형성입니다. 평소에도 담임교사가 학생을 진심으로 돕기 원한다는 마음을 품고 행동해야 해요. 그리고 그걸 말과 행동으로 꾸준히 드러내야 합니다. 그래야 학부모를 설득할 수 있습니다.

열심히 학부모를 설득해도 안 될 수도 있거든요. 그렇다면 현재 상황에서 학급운영은 어떻게 하면 좋을까요?

 고성한   솔직히 어렵습니다. 선생님도 지쳐 있고, 아이들도 학급 규칙을 전혀 지키지 않고 있고요. 그런데 어렵다고 낙담한 채 가만히 있을 수만은 없잖아요. 어떻게든 방법을 찾아봐야죠.

구체적인 방안을 말씀해 주실 수 있을까요?

 고성한   먼저 학급 규칙부터 재정비해야 합니다. 문제행동을 보이는 학생과 그 행동에 동조하는 학생들로 인해서 기존 학급 규칙이 완전히 무너진 상황이잖아요. 전체 학생을 대상으로 규칙을 재설정해야 합니다. 고학년이니까 학급 회의를 통해 규칙을 정하는 것도 좋습니다. 학생들 스스로 자신들이 지켜야 할 규칙을 다시 만들어 나가는 거죠.

송 선생님은 어떻게 생각하세요?

송승훈　　　등교 시간 같은 일반적인 규칙은 특수교육 대상 학생도 똑같이 하면 되고요. 수업 시간에는 함께 수업을 들을 때가 있고, 특수교사가 이 학생들을 따로 모아서 수업할 때가 있어요. 비장애 학생들에게 제시되는 활동이 이 학생들에게는 어려울 때가 있는데, 그때는 대체 활동을 안내해 주면 됩니다. 특수교사나 특수교육에 대해 아는 분에게 자문한 뒤에, 교사가 판단을 내리는 것이 좋습니다.

철없는 학생이 특수교육 대상 학생에게 주어지는 어떤 배려가 특혜가 아니냐고 하면, 곧이곧대로 논리적으로 그 학생에게 설명하려 하지 말고 "생각해 봐. 똑같이 할 부분은 똑같이 하고, 배려할 부분은 배려해야지." 하고 가볍게 말하고 지나가는 게 좋습니다. 학생 중 일부는 특수교육 대상 학생의 처지를 이해하지 못할 때가 있는데, 여기에 교사가 흔들리지 말고 판단을 내려야 합니다.

함께 하는 학급살이

| 함께 나아가기 |

문제행동을 일으키는 학생의 지도 방법

학급의 분위기를 만들어 나가는 것도 물론 중요하지만, 사실은 문제행동을 일으키는 학생을 어떻게 지도할지가 더 중요하잖아요. 고 선생님, 어떤 지도 방법이 있을까요?

고성한   학생의 모든 문제행동에는 각각의 이유가 있습니다. 그래서 해당 학생이 왜 그런 행동을 하는지 파악하는 것이 가장 중요합니다. 이유를 찾아야 대처 방법도 생각할 수 있으니까요. ABC 분석이 문제행동의 이유를 찾는 데 도움이 됩니다.

먼저 ABC 분석은 행동과 환경 변인 간의 관계를 판별하는 방법인데요. 여기서 A(Antecedent)는 선행 사건입니다. 어떤 사람, 장소, 물건, 활동이 문제행동을 일으키는지 살펴보는 거죠. B(Behavior)는 행동입니다. 문제행동이 얼마나 자주, 오래, 어떤 강도로 발생하는가를 보는 거고요. C(Consequence)는 후속 결과를 뜻해요. 정리하자면 ABC 분석은 특정한 행동에 대해서 행동 앞에 어떤 일이 일어났는지, 행동 뒤에는 어떤 일이 일어나는지를 모두 적고, 그 행동에 대한 원인과 결과를 종합적으로 파악하는 분석 방법입니다.

ABC 분석은 어떻게 하는 건가요?

 고성한   ABC 분석을 하기 위해서는 먼저 꼼꼼하게 학생을 관찰해야 합니다. 표를 만들어 놓고 시간 순서대로 관찰한 것들을 계속 쓰는 거예요. 그렇게 쓰다 보면 다양한 사실을 종합적으로 파악할 수 있습니다. 먼저 특정한 문제행동이 일어나기 전에 주로 누구와 있었는지를 알 수 있어요. 그리고 문제행동이 주로 무슨 활동 중에 일어나는지도 파악할 수 있습니다. 또 문제행동이 얼마나 자주, 어떤 강도로 발생하는지도 정확하게 알 수 있고요. 또한,

문제행동이 발생한 이후에 어떤 일들이 벌어지는지도 파악할 수 있습니다.

이런 식으로 계속 분석하다 보면 어떤 경우에 학생이 문제행동을 일으키는지 어느 정도 이해할 수 있습니다. 또한, 문제행동을 통해 학생이 무엇을 얻게 되는지도 알 수 있고요. 이러한 분석 결과에 따라 이후 중재 계획을 수립할 수 있습니다.

ABC 분석을 통해서 문제행동의 원인을 어느 정도 파악했다면 그 후에는 어떻게 해야 할까요?

 고성한 　　　문제행동의 원인을 어느 정도 파악했다면, 가설을 세우고 직접 실험해 볼 수 있습니다. 학급에서 실험을 통해 자신이 세운 가설이 맞는지 직접 살펴보는 거죠. 이런 실험 과정을 통해 문제행동을 일으키는 원인을 명확하게 파악할 수 있습니다. 원인을 알아야 이후에 행동 교정도 진행할 수 있으니까요.

먼저, 선행 사건을 중재해야 합니다. 문제행동이 일어나기 전에 반복적으로 자주 일어나는 일이 있을 겁니다. 그 행동을 바꿔 줘야 합니다. 둘째, 문제행동이 있는데요. 부정적인 문제행동을 대체 행동으로 바꿀 수 있도록 지도합니다. 셋째, 후속 결과를 중재합니다. 문제행동 이후에 반복적으로 일어나는 후속 결과가 있을 거예요. 부정적인 상호작용을 방지하기 위해서 문제행동 이후에 나타나는 반복적인 행동 상황을 변화시킵니다. 김수연 교수님의

〈통합교육의 거의 모든 것〉* 연수를 참고하면 큰 도움을 받으실 겁니다.

송 선생님, 문제행동을 일으키는 학생 지도 방안에는 또 어떤 것들이 있을까요?

송승훈　　어떤 학생이 문제행동을 하고, 교사가 그만하라고 하는데도 계속 이상행동을 할 때가 있는데요. 이때 분노하지 말고 흥분하지 말라는 말씀을 선생님에게 드리고 싶습니다. 상황을 인식하는 방식이 다른 학생이라는 점을 잊지 말고, 가만히 상황을 파악하고 천천히 말해야 그 학생이 자기 통제를 할 가능성이 커집니다. 특수교육 대상 학생도 잘못된 행동에 대한 인지가 있어서 부적절한 행동을 했을 때는 교사가 지나치지 말고 하지 말라고 말해 주는 것이 좋습니다.

그런데 큰소리를 내면 학생이 이상행동을 멈추기는커녕 당황해서 더 감정의 폭주를 일으킬 수 있어서 문제가 해결되지 않고 심각해집니다.

사연 속 선생님은 여러 가지 어려움을 겪고 있어요. 먼저 학부모의 비협조적인 태도인데요. 이 사연처럼 학부모가 자녀의 특수학급 입급을 거부하는 경우에 담임

---

* 김수연, 〈통합교육의 거의 모든 것〉, 아이스크림 원격연수원, 2022

또는 학교 차원에서 입급을 강제하는 방법은 없나요?

 고성한　　안타깝지만 특수학급 입급은 학부모가 동의하지 않으면 강제할 수 없습니다. 그래서 앞에서 학부모를 지속해서 설득해야 한다고 말씀드린 겁니다. 특수교육 대상자로 선정이 되어야 담임교사와 특수교사가 협력하면서 학생에게 더욱 적합한 내용을 가르칠 수 있습니다. 이런 내용을 학부모에게 명확하게 설명해야 합니다.

사연 속 선생님은 교장의 지원을 받지 못해서 더욱더 어려운 상황에 놓여 있습니다. 교장이 교사를 지원하는 것을 거부하면 담임교사는 더는 할 수 있는 게 없는 걸까요?

 고성한　　학생이 문제행동을 심하게 할 때 대부분의 교장이 상황에 개입합니다. 교육 경력이 풍부하고 학교 내에서 영향력을 가진 교장의 도움을 받으면 문제해결에 큰 도움이 됩니다. 하지만 사연 속 선생님처럼 도움을 받지 못하는 때도 있는데요.
감당이 안 되는 문제를 혼자 떠안고 있으면 몸과 마음에 생채기가 납니다. 누구에게든 도움을 요청하고 함께 문제를 해결해야 합니다. 먼저, 담임교사는 교내 특수학급 교사, 학년 부장 교사, 생활부장 교사에게 도움을 요청할 수 있습니다. 특수학급이 없거나 동료교사의 도움을 받기 어려운 경우에는 해당 교육청 특수교육지원

센터에서 도움을 받을 수 있습니다. 정식으로 의뢰를 하고, 담당자의 도움 및 지원을 받아야 합니다.

다시 사연 속 선생님 이야기로 돌아가 보겠습니다. 저는 무엇보다도 선생님의 마음 건강도 우려가 됩니다. 어떻게 하면 좋을까요?

 고성한　　학교에서 발생한 문제를 잘 푸는 것도 중요합니다. 그런데 그것 못지않게 중요한 일은 교사 개인의 마음을 살피는 것입니다. 심각한 우울감, 무기력 속에 오래도록 머물러 있으면 선생님의 건강에 문제가 생깁니다. 문제해결을 위해서도 선생님의 마음에 관심을 가져야 합니다.

구체적으로 선생님에게 어떤 행동이 필요할까요?

 고성한　　문제를 선생님 혼자만 품고 있지 말고 신뢰할 수 있는 동료들과 나누어야 합니다. 그러면 동료의 위로와 도움도 받을 수 있습니다. 때로는 전문가에게 상담받는 것도 필요합니다. 우울하고 무기력한 마음을 그대로 두면 큰 병이 될 수도 있습니다.

송승훈 선생님은 어떻게 생각하세요?

송승훈　　교사가 내 능력으로 감당하기 어려운 일이 있다고 인정하면 조금 마음이 편해집니다. 그러고 나서 일상적으로 특수교육 대상 학생에 대해 문의할 수 있는 특수교사를 알아 두면 좋습니다. 교사가 나름대로 열심히 살아 오고, 여러 어려움을 겪으며 인간에 대한 이해를 넓혀 왔다 하더라도, 특수교육 대상 학생으로 추정되는 학생을 마주해서는 이때까지 생각해 오던 지도 방식이 모두 통하지 않을 수 있습니다. 그래서 특수교육 대상 학생이 자기 교실에 있을 때는 이 학생을 가르치기에는 내가 능력이 부족하다는 것을 인정하고, 도움을 얻을 수 있는 사람들을 알아 두는 것이 좋습니다.

교육청에 연락해서 주변 학교의 특수교사를 소개받거나, 학교 관리자에게 도와달라고 해서 그분들이 어려울 때 도움말을 들을 수 있는 특수교육 전공자를 알아 두기를 권합니다.

그리고 특수교육과 관련된 원격연수를 듣고, 관련 책을 보면서 개인적으로도 특수교육 대상 학생을 어떻게 지도해야 하는지 조금씩 알아 가며 이해를 넓히는 노력도 같이 하면 좋겠습니다.

교사 상담 노트

- 제대로 된 장애 학생 교육을 위해서 검사와 진단이 필요함을 학부모에게 명확히 설명한다.

- 학부모를 설득하기 위하여 학부모와의 온전한 신뢰감 형성이 필요하다.

- 새 학기를 맞는 심정으로 무너진 학급 규칙을 재정비한다.

- ABC 분석을 통해 문제행동의 원인을 파악하고 대처 방안을 마련한다.

- 동료 교사에게 도움을 요청하고, 필요하다면 교육지원청과 특수교육지원센터의 도움을 받는다.

10

전문성을 갖춘
교사가 되고 싶어요

교사의 고민 1

안녕하세요. 저는 중년의 초등 교사입니다. 초등학교에서 담임으로 근무하며 다양한 교과를 가르치고 있어요. 매년 연수도 듣고, 또 다양한 분야의 교과연구회 활동에도 열심히 참여하고 있습니다. 저는 한 가지 분야를 깊이 연구하는 것보다는 여러 분야를 두루 공부하는 게 더 잘 맞는 것 같아요. 그런 제 성향 덕분에 다양한 분야의 지식을 쌓을 수 있었습니다. 저는 학생들을 위해서 누구보다도 즐겁게, 또 열정적으로 살아 왔다고 자부해요. 그런데 요즘에는 교사로서 위축될 때가 많습니다.

함께 연수를 받고 연구회 활동을 같이한 동료 중에는 저와 다르게 한 분야를 깊이 연구한 분들이 있어요. 그분들 중 일부는 이름을 날리며 학교 현장에서 소위 전문가로 인정받고 있습니다. 주변 선생님과 비교하면 제 자신이 한없이 초라하게 느껴집니다. 나이도 많고 경력도 쌓였지만 남들에게 자신 있게 드러내 보일 성과는 여전히 없는 것 같아요. 교단에서 허송세월한 것은 아닌지 자괴감마저 듭니다. 그동안 묵묵히 공부하고, 또 공부한 내용을 학생들에게 성실하게 가르친 제 모습은 의미 없는 걸까요? 지금이라도 한 분야를 정해서 깊이 연구하면 전문성 있는 교사로 인정받을 수 있을까요?

교사의 고민 2

저는 저경력 초등 교사입니다. 매시간 열심히 수업 준비를 하고 있어요. 그래서 1년을 마무리할 때쯤이면 한 학년 수업 자료가 차곡차곡 쌓여서 참 뿌듯합니다. 그런데 그 뿌듯함이 오래가진 않아요. 한 해가 지나 다른 학년을 맡게 되면 수업 자료를 지속해 사용할 수가 없거든요. 새 학년이 되면 또 맨땅에 헤딩하는 심정이 됩니다. 중등 선생님은 한 과목을 지속해 가르치는 부분이 참 부러워요. 저는 전문성이 차곡차곡 쌓인다기보다 매년 원위치하는 것 같아서 고민이 됩니다.

전공과 관심 있는 분야

선생님은 각각 초등교사, 중등교사로 근무하고 계시잖아요. 어떻게 초등교육, 국어교육을 전공하게 되셨어요?

 고성한　　저는 교대 입학 전에 공대를 2년 동안 다녔습니다. 그런데 공대 공부가 재미없었어요. 한 가지 분야를 깊이 있게 탐구해야 하는데 그것도 쉽지 않았고요. 이후에 입대해서 저 자신을 탐색해 보는 시간을 충분히 가졌습니다. 저를 객관적으로 살펴보니 제가 공대에는 잘 맞지 않더라고요. 또 수직적인 조직 문화도 힘들어 하고요.

한 가지 분야를 월등하게 잘하진 않지만, 다양한 분야를 비교적 쉽게 익힐 수 있다는 것도 깨달았습니다. 이후에 고민 끝에 초등교사가 되기로 마음먹었어요. 나중에 돌고 돌아 남들보다 조금 늦은 나이에 교육대학교 초등교육과 1학년으로 다시 입학하게 되었습니다.

송승훈　　저는 고등학생 때 처음에는 영어교육과에 가려고 했어요. 그런데 고3 때 담임선생님이 영어 선생님이었는데, 선생님의 모습을 보고 영어에서 국어로 희망 학과를 바꾸었어요. 담임선생님은 영어 교과서를 끝내고 문제집을 풀었는데, 그 문제집을 다

177

풀고 나자 또 다른 문제집을 풀었어요. 그 문제집을 끝내자 또 다른 문제집을 풀었고요. 그 모습을 보고, 평생을 저렇게 챗바퀴 돌듯 살지는 못하겠다 싶었죠.

그런데 국어 선생님을 보니까 교과서로 수업하면서 인생과 세상 이야기를 자유롭게 하셨어요. 그 모습이 좋아 보여서 저는 인생과 세상 이야기를 아이들과 하면서 늙어 가는 삶이면 좋겠다는 생각이 들었죠. 그래서 국어교육과에 가서 국어 교사가 되었어요. 아마 고3 때 담임선생님이 다양한 수업을 하고 인생과 세상을 이야기하는 영어 선생님이었다면, 저는 지금 국어 교사가 아니라 영어 교사일 거예요. 저는 영어가 괜히 좋았던 학생이었거든요.

사연 속 선생님은 한 분야보다는 여러 분야를 공부하는 걸 더 좋아하시는 것 같아요. 선생님은 어떠신가요?

 고성한   교대에 가서는 이전과 달리 다양한 분야를 공부했습니다. 교대는 국어, 수학, 사회, 과학 등 여러 교과를 공부해야 하거든요. 책을 읽고 글을 쓰는 것도, 운동하는 것도, 또 악기 연주를 하는 것도 하나하나 참 재미있었습니다. 두루두루 좋아하는 게 많다고 하신 사연 속 선생님 이야기가 마치 제 이야기 같아요.

송승훈 선생님은 국어 교과 중에서도 독서 분야를 집중적으로 공부하셨잖아요. 어떻게 독서교육을 연구하게 되셨는지 궁금합니다.

송승훈   저는 처음에 교사가 되었을 때 종합고등학교에서 근무했어요. 종합고등학교는 인문계와 전문계 학생이 같이 있는 학교예요. 거기서 상과 학생들과 정보과 학생들을 대상으로 수업을 하고 담임도 맡았는데요. 이 학생들에게는 국어 과목이 주요 과목이 아니었어요. 상과와 정보과의 전공 과목이 핵심 과목이었고, 국어는 주변부 과목이어서 학생들이 별로 신경을 쓰지 않았죠. 그리고 그때는 국어 교과서가 요즘과 달리 국정이어서 한 종류만 있었는데, 우리 학생들에게는 너무 어려웠어요. 교과서로 하는 수업을 학생들이 잘 따라오지 못해서 학생들도 답답했고 저도 답답했어요.

그래서 아이들에게 도움이 되는 수업을 하려고 이 궁리 저 궁리를 하다가, 책에서 글을 뽑아서 학생들에게 읽혔는데 수업이 잘되고 학생들도 좋아했어요. 아이들 수준과 고민에 맞는 글을 제가 찾아와서 수업하니 국어 교과서보다 학습자에게 내용이 맞았기 때문이지요. 그렇게 책에서 글을 뽑아서 읽히다가 나중에 책 한 권을 다 읽히는 수업을 했는데, 그 과정에서 가르치는 뿌듯함과 보람을 많이 느꼈어요. 학생들의 인생에 도움이 된다는 느낌이 들 때 교사는 짜릿한 기쁨을 느끼죠.

그렇게 독서로 제 수업 고민이 풀리니까 자연스럽게 독서교육을 연구하게 되었어요. 그때 상과 학생들과 만난 게 제 인생에서 중요한 사건이었지요. 참, 그때 제가 대학에서 배운 글쓰기 지도 방식으로 가르쳤을 때 학생들이 글을 되게 못 썼어요. 그런데 초등

교사인 이중현 선생님이 쓴 글쓰기 수업 자료로 수업을 하니까 학생들이 엄청 멋진 글을 써내서 놀랐고, 왜 이런 일이 생기는지 따져 본 적이 있네요. 초등학교 선생님들의 수업 자료에서 중요한 통찰을 얻었습니다.

전문성에 대해 고민하는 교사 이야기

사연을 보내 주신 선생님은 전문성이 없는 것 같아 고민이라고 하셨지만, 제가 보기에는 교과 연구 활동을 참 열심히 하셨던 것 같아요. 선생님도 무언가에 깊이 빠져서 열심히 해 본 경험 있으세요?

 고성한   교사는 보고 느끼는 것이 모두 교과 연구 활동입니다. 다시 말해서 생활 속에서 경험하는 모든 것을 교과 연구라고 볼 수 있죠. 영화를 보거나, 여행을 가서 사진을 찍는 것도 넓게 보면 모두 교과 연구입니다. 구체적으로 예를 들면, 역사 영화 속 한 장면을 끌어 와서 사회 시간에 활용할 수 있고요. 또 여행지의 독특한 문화를 사진으로 담아서 도덕 시간에 다문화 교육 자료로도 활용할 수 있어요.

저는 예전에 놀이에 관심이 있었습니다. 교내에서 학습 놀이와 관련된 교과연구회를 조직한 적도 있고요. 동료 선생님들과 주기적으로 모여서 연구 활동도 했습니다. 다양한 보드게임을 직접 해보고 수학, 사회, 과학 등의 교과에 어떻게 접목할 수 있을지도 고민했고요. 보드게임 지도사 자격증도 따고 보드게임 행사가 열리는 곳이 있다면 먼 곳까지 달려가서 참여도 했어요. 오랜 시간 꾸준하게 공부했으면 좋았을 텐데 단기간에 너무 깊이 몰입했습니다. 어느 순간 완전히 싫증이 나더라고요. 현재는 그쪽 분야에 완전히 관심을 두지 않고 있습니다.

송승훈   저는 교사가 되고 3년이 지나서 '책으로 따뜻한 세상 만드는 교사들' 모임에서 활동을 했어요. 주로 청소년 추천 도서를 선정하는 일을 했는데, 보람 있고 성취감을 많이 느꼈어요. 2000년대 초반에는 서양 고전 중심의 책과 일제강점기 때 문학 작품 위주로 된 추천 도서 목록이 흔했는데, 그런 책들을 학생들은 잘 못 읽거든요. 상위권 학생들은 어려운 책도 잘 읽지만, 다수의 학생들은 그런 책 목록을 힘들어 했어요.

그래서 우리 시대의 청소년이 소화할 수 있는 책을 학생들에게 읽혀 보고 그 반응을 확인해서 만들었는데, 사회적으로 큰 호응이 있었어요. 요즘은 중고등학교 추천 도서 목록에 성장소설이 많이 들어가 있는데, 이렇게 분위기가 바뀌는 데 이바지했어요.

교사가 된 지 10년 정도가 지나서는 '경기도중등독서교육연구회'에서 활동을 했고요. 교사가 된 지 15년 정도가 된 2010년부터는 전국국어교사모임의 독서교육 분과인 '물꼬방'에서 공부하고 있어요. 계속 책과 관련된 교사 연구모임에서 활동해 왔지요.

과거 연구 활동 경험을 들려주셨는데요. 지금은 무엇에 몰입하고 계세요?

 고성한 현재는 글쓰기에 관심을 두고 있어요. 처음에는 어지
러운 마음을 정리하기 위해서 스스로 탐색하는 글을 썼습니다. 그
러다가 여러 사람 앞에 글을 당당하게 내보이라는 조언을 들었어
요. 그러면 더욱 큰 치유를 경험할 수 있을 거라고 하더라고요. 제
글을 사람들에게 공개한 후 마음이 한결 더 편안해졌습니다. 글쓰
기 자체에 힘이 있다는 것도 깨달았고요.

그 후로 글쓰기를 깊이 탐구하고 있어요. 글쓰기와 관련된 책도
읽고 관련 연수도 꾸준히 듣습니다. 틈날 때마다 글도 꾸준히 쓰
고요. 교육 월간지에 정기 연재도 하고, 신문 교단 일기 등에도 글
을 싣고요. 기회가 된다면 주변 동료들에게도 글쓰기의 힘을 전해
주고 싶어요. 함께 글을 쓰면서 마음을 나눌 수 있는 그런 공동체
를 이룰 수 있다면 행복할 것 같습니다. 보드게임처럼 흥미를 잃
고 싶지는 않아요. 그래서 지나치게 몰입하지는 않으려고 노력합
니다.

 송승훈 고성한 선생님이 자기를 표현하는 글을 쓰면서 마음
을 정리하셨다니, 그 이야기를 듣기만 해도 좋아요. 자기 마음과
이야기를 쓰는 글에는 치유의 힘이 있죠. 월간지에 연재도 하신다

니 대단해요.

저는 지금 《함께 여는 국어교육》이라는 계간지 편집위원을 해요. 교사들이 자기 수업, 경험과 성취, 사는 이야기를 글로 풀어내게 하는 책이지요. 열다섯 분 편집위원들과 같이 책을 만드는데, 한 달에 한 번 대면 모임으로 회의를 합니다. 낮에 일이 많아서 엄청 피곤하다가도 《함께 여는 국어교육》 편집국 회의에 갔다 오면 그 피곤한 게 싹 없어져요. 그래서 저는 늘 이 모임은 오히려 돈을 내면서 참여해야 하는 거 아닌가 하고 생각합니다. 대가를 받지 않는 무급 노동인데, 모든 선생님이 열심히 하시고 보람이 있으니까 이 책을 만들면서 기쁨이 참 커요. 4년째 책을 만들고 있는데, 여기서 성장해 가는 후배 선생님들을 보면 제 마음이 정말 좋아요.

저는 요즘에 독서교육 강의를 하는 후배 선생님들을 키우는 데 힘을 많이 쏟고 있어요. 독서교육과 글쓰기 교육에 뜻을 함께하는 후배 선생님들이 실력을 키워서 성장하고, 무대에 서서 강의하는 모습을 보면 제 등 뒤가 따뜻해지는 느낌이 들죠. 저는 '저기에 같이하면 좋겠다.'라는 마음이 들게 모임을 운영하려고 해요. 좋은 사람들과 뜻있는 일을 하면서 보람을 느끼고, 서로 성장하는 건 인생에서 매우 기쁜 일이에요.

교사의 전문성 신장에 관한 조언

교사가 한 분야에 관해서 탐구하면서 꼭 결과물을 남겨야 할까요? 여기에 대해서는 어떻게 생각하세요?

 고성한 　　　좀 전에 제가 관심을 가졌던 보드게임과 글쓰기에 대해서 말씀을 드렸잖아요. 결과적으로 보드게임 연구는 결과물을 많이 남기지 못했습니다. 보드게임을 할 때마다 어떤 교과에 어떻게 적용하면 좋겠다는 생각이 떠올랐지만, 그걸 체계적으로 정리하지는 못했습니다. 처음이라 그 과정에 소홀했던 거죠. 소중한 자료들을 글이나 영상으로 체계화하지 못한 것이 아직도 아쉽습니다. 비슷한 주제로 시중에 출간된 책이 참 많아요. 그런 책을 접할 때마다 가슴이 쓰립니다. 간혹 놀이와 관련해서 제게 도움을 요청하는 동료들도 있어요. 그런데 정리된 자료가 없어서 큰 도움을 드리지 못하고 있습니다.

반대로 글쓰기는 계속 결과물을 남겼습니다. 개인 컴퓨터에도 남기고, 또 블로그나 브런치 같은 온라인 공간에 차곡차곡 정리도 해 놓았고요. 결과적으로 그 글들을 모아서 출간도 할 수 있었어요. 제가 올렸던 자료를 보고 기고 요청도 오고, 연수 의뢰도 오고요. 산출물을 남겨 놓지 않았다면 이런 좋은 기회들이 오지 않았을 것입니다. 그래서 어떤 방식이든 결과물을 정리해 놓는 걸 추천합니다.

송승훈   고성한 선생님은 블로그에 수업 결과물을 정리해 놓았다고 하셨는데, 블로그가 교사가 자기 수업을 정리해 놓기에 딱 알맞습니다. 제가 참여하는 물꼬방 모임에서도 선생님들이 블로그에다 수업 자료를 많이 정리해 놓아요. 페이스북은 휘발성이 강하고, 인스타그램은 사진첩 성격이 강해서 수업 자료를 정리해 놓기에는 매체의 특성이 맞지 않죠.

교사가 두루 능력을 갖추고 공부를 하고 교양을 쌓아야 하는데, 그중에서 한 분야 정도는 전문성을 키워서 자기 결과물을 남기면 좋아요. 전문성이 있으면 나이가 들면서 마음이 허해지는 게 덜하거든요.

블로그에 수업 과정을 충실하게 기록해 놓으면 자아존중감이 높아져요. 세상에 없던 새로운 수업 방법을 찾지 말고, 또 무슨 수업 모형 이런 것을 만들기보다는, 괜찮은 수업을 했으면 그 과정을 《시튼 동물기》처럼 세밀하게 있는 그대로 기록하는 거죠. 문화인류학에서 대상을 연구할 때 쓰는 방법처럼요. 이 수업 기록을 다른 선생님들이 보며 여러 영감을 얻고 통찰을 얻게 돼요. 누구나 다 아는 수업 방법이라도 그 과정을 진실하게 기록한 글에는 감동이 있어요. 그 기록을 보며 사람들이 자기가 경험한 교실을 떠올리면서 여러 의미를 생각해 내기 때문이에요. 블로그 글쓰기를 강력히 추천합니다.

사연을 읽어 보면 선생님께서 아이들을 위해서 열심히 사셨다는 느낌이 들어요. 그런데 전문성이 없다고 자책하는 모습이 안타깝네요. 사연 속 선생님에게 하고 싶은 말씀이 있을까요?

 고성한　　　우리는 종종 다른 사람과 비교하며 좌절합니다. 그런데 행복의 중요한 요소는 남과 비교하지 않는 것이거든요. 심리학 용어 중에 '상대적 박탈감'이란 용어가 있습니다. 그건 바로 다른 사람과 비교할 때 생기는 부정적인 관점을 말하는 건데요. 내가 얼마나 가졌는가보다 다른 사람이 얼마나 가졌는가에 집중할 때 상대적 박탈감을 느끼게 되죠.

사연 속 선생님은 끊임없이 공부하고, 또 공부한 내용을 학생들에게 성실하게 가르치셨어요. 경력이 쌓일수록 선생님의 능력은 충분히 성장했고, 지금도 성장하고 있습니다. 선생님은 모르시겠지만, 지금까지 선생님을 만난 학생들은 선생님을 통해서 엄청난 영향을 받았습니다. 그건 수치화할 수 없는 엄청나게 가치 있는 일입니다. 선생님의 가르침이 선생님의 삶 속에서, 그리고 학생들의 삶 속에서 생생하게 살아 있다는 것을 꼭 기억해 주세요.

송승훈　　　도종환 시인의 산문집인 《사람은 누구나 꽃이다》에 나오는 말을 들려드리고 싶습니다. '모두가 장미일 필요는 없습니다.' 산과 들에 핀 들꽃처럼 자기 빛깔로 자기 여건에서 할 수 있는 만큼 애쓰면 그것을 동료들과 학생들이 알아주게 되어 있습니다.

우리도 지금 다 알잖아요. 어렸을 때 어떤 선생님이 어떤 마음으로 우리를 대했는지, 저는 다 기억나거든요. 초등학교 1학년 때부터 고등학교 3학년까지 모두 다 기억이 나요. 누구라도 그렇지요. 제게 초등학교 5학년 때 담임선생님은 한 분이듯이, 선생님도 학생들에게 그 해 담임선생님 한 분으로 평생 기억에 남을 겁니다. 학생들에게 정성을 기울이지 않고 의미가 없는 선생님이라면 세월이 지나면서 흐릿해지지만, 진심으로 대해 준 선생님은 계속 가슴속에 또렷하게 남아 있죠.

저는 선생님이 여러 연수를 찾아다니셨다고 한 부분이 좋았어요. 좋은 사람을 알아보고 그 사람의 이야기를 들어준 거잖아요. 그것은 작지 않은 실천입니다. 그 연수에서 강의한 선생님은 선생님에게 고마워하고 있을 거예요.

고성한 선생님, 사연을 듣고 생각나는 시가 있으시다고요?

 고성한　　　저는 이 사연을 듣고 박노해 시인의 시 〈행복은 비교를 모른다〉가 떠올랐어요. 이 시에서 강조하는 부분은 어제의 나와 오늘의 나를 비교하라는 거예요. 남과 비교해서는 성숙할 수도 없고, 성장할 수도 없습니다.

연속성 있게 교과 지도를 하는 방법

두 번째 사연 속 선생님은 전문성이 차곡차곡 쌓인다기보다 매년 원위치하는 것 같아서 고민이 된다고 하셨어요.

 고성한　　　　저도 매해 비슷한 경험을 합니다. 열심히 수업 자료를 만들거나, 또 자료를 수집하지만 한 번 사용하고 나면 다음 해에는 자료를 다시 사용하기가 어렵거든요. 그래서 가능하면 한 학년을 오래도록 맡으려고 노력합니다. 연속해서 같은 학년을 맡으면 장점이 많습니다. 먼저, 올해 사용한 자료를 내년에도 활용할 수 있어요. 또, 교과서와 가르칠 내용을 완벽히 이해하고 있어서 좀 더 안정적으로 수업을 진행할 수 있고요. 한 해의 지도 계획이나 평가 계획을 세우기에도 수월합니다.

그런데 이렇게 하려면 몇 가지 어려움이 있어요. 첫 번째는 초등 교사 대부분 원하는 학년이 비슷하다는 겁니다. 중학년인 3, 4학년이 특히 인기가 많아요. 이런 학년의 경우에는 원한다고 해도 이어서 맡기가 어려워요. 그래서 연속적으로 같은 학년을 맡기 위해서는 동료 교사가 상대적으로 덜 선호하는 학년을 맡아야 합니다.

중등의 경우는 초등과 다르게 연속성 있게 교과 지도를 할 수 있을 것 같아요. 중등

의 구체적인 사례가 궁금합니다. 또 평소에 교육 자료를 어떤 방식으로 정리해 놓으시는지도 궁금해요.

 송승훈　　　예전에는 이와 비슷한 질문을 받으면, 아는 선생님들과 소박하게 공부 모임을 꾸려서 그동안 수업한 내용을 정리해서 발표해 보라고 말씀드리곤 했어요. 요즘에는 블로그에 선생님의 수업을 정리해서 꾸준히 올려놓으라고 말씀드려요. 블로그에 괜찮은 자료가 어느 정도 쌓이면 어딘가에서 글을 써 달라고 청탁이 오기도 하고, 강의해 달라는 제안이 오기도 해요. 그렇게 외부에 글을 발표하거나 강의하면, 그게 여러 생각을 불러일으켜서 자기 성장에 도움이 되거든요.

아직은 저경력이어서 학년이 달라지면 수업 자료가 축적되지 않아서 아쉽겠지만, 학년이 바뀌어도 수업 자료와 활동을 꾸준히 기록해 두면 어느 순간에 그 자료들이 연결되면서 좋은 결과가 있으리라고 봐요.

중등교사는 한 교과를 가르치지만, 고등학교에서는 국어만 해도 과목이 여러 개예요. 공통 국어, 독서, 작문, 문법, 문학, 매체와 같이 여러 영역이 선택 과목으로 나와 있어요. 중등교사도 여러 과목을 해마다 바꾸어가며 가르쳐요. 물론 초등교사보다는 교과의 범위가 좁지만 말이에요.

여러 교사 연구 모임의 자료를 보다가 자신과 맞다는 느낌이 드는 곳이 있으면 그 모임에 참여해 보세요. 글로 기록된 것은 현실 일부만이니까요. 현실에서 괜찮은 동료를 만나면 훨씬 더 배울 점이 많을 거예요.

교사 상담 노트

- 교사 공부 모임에 참여하여 전문성을 높인다.
- 관심 있는 교육활동을 한 가지 정해서 꾸준히 실천한다.
- 수업 자료와 활동을 꾸준히 정리하고 기록한다.
- 정리한 자료를 블로그 같은 공간에 남겨 놓는다.

11

수업에 대해
여러 고민이 많아요

교사의 고민 1

저는 영어 교사입니다. 미국에 1년간 연수 다녀온 지 벌써 17년이 지났습니다. 고등학교에서 일하다 보니 단어나 독해 실력, 어법은 문제가 없습니다. 하지만 회화는 해를 거듭할수록 겁이 나고 자신감이 줄어드네요. 심할 때는 학생들이 내 발음을 듣고 비웃는 것은 아닐까 하는 생각까지 하게 돼요. 이제 곧 50대가 되는데 내가 영어 교사로서 자질이 있는지 고민이 됩니다. 지금이라도 다른 교과로 바꾸어야 할까요?

교사의 고민 2

안녕하세요. 저는 고등학교 수학 교사입니다. 고등 수학은 진짜 수업하기 힘듭니다. 잘하는 학생은 미리 학원이나 과외로 예습하고 와서 제 수업을 듣지 않아요. 이미 수학을 포기한 학생들은 말할 것도 없고요.

그래도 나름대로 수업 분위기를 좋게 해 보려고 열심히 주의 집중도 시켜보고, 재밌는 얘기도 해보면서 할 수 있는 노력을 다 해 봤습니다. 그런데 딱 그때뿐입니다. 다시 수업으로 돌아가면 제자리걸음이에요. 수학을 좋아해서 수학 교사가 됐지만 요즘 같아서는 다른 과목 교사가 될 걸 하고 후회가 됩니다.

더 힘든 것은 혹시 내가 교사로서 자질이 부족한 것은 아닐까 하는 생각 때문에 자존감이 많이 무너졌다는 것입니다. 수업이 너무 힘이 들 때는 "그냥 듣든 말든 내 길을 가자."라고 마음먹기도 하는데 이렇게 생각하는 것이 올바른 교사의 모습은 아닌 것 같아서 이마저도 힘이 듭니다. 어떻게 하면 좋을까요?

교사의 고민 3

저는 고등학교 교사입니다. 수업할 때 대학 입시 위주로 해야 하는지, 융합교육이나 과제 연구, 장기 프로젝트 같은 실제적인 수업을 해야 하는지 정말 고민스럽습니다. 이런 차이를 어떻게 해소해야 할까요? 어디에 더 중점을 둬야 할까요? 해답을 찾은 선생님이 계신다면 저 좀 도와주세요!

전문성 유지는 어려워

이 사연에 공감이 되시는지요?

송승훈   백 배 공감이 됩니다. 고등학교에서 교사들이 많이 고민하는 내용이에요. 대학을 졸업하고 갓 교사가 되었을 때는 누구나 최신식이죠. 가장 최근에 연구된 내용을 교육받고 현장에 나왔으니까요. 게다가 처음 교단에 서면 자기가 부족하다는 생각이 있어서 연수에 적극 참여하거든요. 그래서 교사가 되고 5년에서 7년 정도 지나면 전문성이 상당 부분 갖추어지고 자신감이 생깁니다. 그런데 여기서 15년 정도가 지나서 경력이 20년을 넘어서고 나이도 50대가 되면, 어느 날 자기 전문성에 걱정이 드는 시기가 찾아와요.

하루하루 그때그때 해야 하는 학교 일을 하다 보니 한동안 공부에 손을 놓고 있었다는 사실을 알게 되는 거죠. 교사가 되고 처음에는 연수와 교육에 많이 참여했지만, 어느새 나이가 들어 있고, 깊이 있는 공부를 한 지는 오래전이고, 체력도 예전 같지 않고 몸도 약해져 있고요.

초등학교에서는 이와 비슷한 고민이 어떤 모습으로 나타나나요?

고성한   초등에서도 상황이 크게 다르지 않습니다. 초등교사
는 다양한 교과를 가르치잖아요. 다양한 교과를 넓고 깊게 알아야
하죠. 그래서 늘 새롭게 배워야 합니다. 그리고 초등 현장에는 매
년 새로 도입되는 것도 많습니다. 예를 들면, 코딩 교육 같은 게 있
죠. 이제는 초등학교에서 코딩을 필수로 가르쳐야 합니다. 현장의
변화에 발맞추려면 교사도 꾸준한 노력이 필요해요.

**사연을 보면 영어 선생님은 영어 회화가 자신이 없어진다고 해요. 수학 선생님은
수학을 포기한 학생들 때문에 곤란해 하고 계시고요. 과목에 따라 수업에 대해 고
민하는 내용이 다르기도 하나요?**

송승훈   과목에 따라 선생님들의 고민은 다릅니다. 영어 선생
님들은 사연을 보내주신 분처럼 전문성 유지에 압박을 받으세요.
예전에 교육청 연수에서 저와 같은 대학의 영어교육과 1년 후배
를 만나서 인사를 했어요. "영어과여서 외국 여행을 가거나 외국
드라마를 볼 때 너무 편하겠어요. 부러워요." 이렇게 말했더니 그
후배 선생님이 씩 웃으면서, "오해세요. 외국어는 계속 사용하고
공부하지 않으면 그 능력이 유지가 안 돼요. 그래서 영어과는 경
력이 많아지고 나이가 들수록 전문성을 유지하는 데 노력이 많이
들어요."라고 하더군요.
고등학교에서 수학 선생님들은 수학을 포기한 학생들이 갈수록
늘고 있어서 고통스러워하는 경우가 많아요. 자기는 수학이 좋아

194

서 수학 교사가 되었는데, 열심히 가르쳐도 수학에 마음을 비우고 포기한 학생들이 수업에 참여하지 않으니 괴로울 수밖에 없어요. 평생 그 교과를 가르치며 살아야 하는데, 자신의 교과 수업이 즐겁지 않으면 사연을 주신 선생님처럼 정신건강의학과에 가서 상담받는 게 남의 일이 아니게 돼요.

초등학교에서는 담임교사가 여러 과목을 가르치잖아요. 과목에 따라 고민하는 내용도 다른가요?

 고성한   초등은 말씀하신 것처럼 담임교사가 여러 교과를 다룹니다. 이게 초등교사의 장점이자 단점입니다. 중등교사처럼 한 과목의 전문가가 되기도 어렵지만, 여러 교과를 두루 잘하기도 쉽지 않거든요. 초등교사도 사람인지라 모든 과목을 똑같이 잘하기는 어렵습니다. 개인마다 조금 더 자신 있는 과목이 있고 조금 덜 자신 있는 과목도 있죠. 그래서 자신이 약하다고 느끼는 과목을 지도하기 위해서 연수도 듣고 공부도 합니다. 그렇게 부단히 노력해야 한다는 점에서 부담이 있습니다.

교과 전문성 유지

경력이 늘어날수록 외국어 전문성을 유지하기가 어렵다고 고민하는 영어 선생님에게는 어떤 도움말을 드릴 수 있을까요?

송승훈   외국어 교과 선생님은 사회인 외국어 공부 모임에 참여하시면 좋겠어요. 영어 회화에 대한 관심이 높아지면서 젊은 사람들을 중심으로 외국 영화나 드라마를 보며 공부하는 모임이 많아졌어요. 또 언어는 조금씩 계속 변하잖아요. 젊은 사람들과 대화를 해야 변화하는 언어 감각을 놓치지 않게 돼요. 젊은 사람들이 많이 모이는 자리에 내가 끼어도 될까 걱정할 수 있는데, 거기 가서 인생 훈수만 두지 않으면 다들 잘해 주니까 괜찮아요.

모임에 참여하는 게 어렵다면 방학 때 20일 정도 배낭여행을 다녀오는 것도 추천합니다. 여러 지역을 돌아다니면 현지인들하고 대화를 나눌 기회가 별로 없으니까, 한 동네에 일주일에서 열흘 정도씩 머물며 동네 주민처럼 살아 보는 거죠. 오가며 만나는 사람들과 말을 트면서 이야기를 나누면 좋아요. 저도 외국으로 배낭여행을 갔다 오면 영어 실력이 늘고 영어 공부를 더 해야겠다는 의욕이 제 안에서 솟아나더라고요.

또 다른 방법으로는 한국에서 외국인 대상으로 하루 동안 여행을 안내하는 투어 프로그램에 참여하는 것도 있어요. 에어비앤비나

트립어드바이저에서 검색하면 외국인을 대상으로 하는 하루짜리 관광 상품들이 나와요. 고급 수준의 대화가 오고 가지는 않지만 그래도 영어 회화의 감각을 유지하는 데는 도움이 됩니다. 한국의 길거리 음식 투어, 걷기 좋은 산책길 투어에 참여하면 부담도 없고 좋습니다.

재미난 방법을 소개해 주셨어요. 방법이 하나하나 다 흥미롭네요. 교과 전문성을 유지하는 일과 관련해서 선생님들이 어떤 마음이면 좋을지도 이야기해 주세요.

송승훈　　　혼자 고민하면 해결이 잘 안 됩니다. 문제인 줄 알면서도 자꾸 회피하게 되기 때문이에요. 어떤 계기를 만들어서 자기 몸을 영어 회화 공부가 되는 상황에 몰아넣어야 합니다.

앞서 말씀드린 방법 말고도, 수업과 관련된 대면 합숙 연수를 추천합니다. 교사들이 자기 수업을 발표하는 자리에서는 현장에서 얻은 암묵지 또는 실천 지식이 소개돼요. 이게 도움이 많이 됩니다. 비슷한 환경에서 다른 교사들은 어떻게 문제를 해결하고 있는지 알 수 있습니다. 연수 뒤풀이에 남아서 거기에 온 참가자들에게도 물어보면, 어느 순간에 나에게 적용이 되는 해결 방법을 들을 수 있습니다. 그리고 교사들이 쓴 수업 관련 책에는 이런 고민 상황에서 무엇인가를 해낸 결과가 담겨 있습니다.

교사인 자신이 지치지 않으면서 좋은 수업을 한결같이 오래 하겠다는 관점이 필요합니다. 한 번 열정을 내서 불꽃처럼 반짝이고 사그라들기보다는, 지속해서 꾸준히 전문성을 유지하는 게 좋습니다.

고 선생님은 영어 선생님의 고민을 어떻게 들으셨어요?

 고성한　　선생님 얘기를 들으면서 안타까운 마음이 들었습니다. 선생님은 독해와 문법은 잘하시면서도 회화가 부족한 것에만 집중하고 있기 때문입니다. 회화 실력이 좋지 않다는 걱정이 결국에는 파국적인 사고로까지 이어지고 있고요. 다른 교과로 전환하는 것까지 생각하셨다니 얼마나 고민이 크셨을까요.

왜 그렇게 생각하고 계신 걸까요?

 고성한　　저는 사연 속 선생님이 선택적 추상화에 빠져 있다고 생각합니다. 우리는 종종 사건의 주된 내용은 무시하고 자신의 실수나 단점 같은 일부 정보에만 주의를 기울여서 전체 의미를 해석합니다. 그리고 섣부르게 결론을 내리죠. 그런 오류가 바로 선택적 추상화입니다. 예를 들면, 학부모 공개 수업을 한다고 가정해 볼게요. 20명의 학부모가 수업을 참관하고 의견을 적었습니다. 그중 19명이 긍정적인 반응을 보였고, 1명이 부정적인 반응을 보였습니다. 20명 중에서 19명이 좋은 의견을 냈다면 굉장히 긍정적인 거잖아요. 그런데 19명의 긍정적인 의견은 생각하지 않고, 1명의 부정적 반응에만 주의를 기울입니다. 그 부정적인 의견만 계속 곱씹으면서 이번 공개 수업은 실패했다고 단정 지어 버리는 거죠.

그러면 이럴 때 어떻게 생각을 전환하면 좋을까요?

 고성한　　　자기 생각이 타당한지 스스로 질문해야 합니다. 이럴 때 도움이 되는 에이프록(A-FROG) 질문 기법이 있습니다. 이 질문 기법으로 스스로 5가지 질문을 할 수 있습니다.

첫 번째 질문은, '내 생각이 나를 생기 있게 하는가?' 입니다. 두 번째 질문은, '이러한 생각으로 내 기분이 더 나아졌는가?' 이고요. 세 번째 질문은, '내 생각이 현실적인가?' 입니다. 네 번째 질문은, '내 생각이 다른 사람들과의 관계에 도움이 되는가?' 고요. 마지막 다섯째 질문은, '내 생각이 목표 달성에 도움이 되는가?' 입니다. 이런 식으로 스스로 질문하고 자기 생각에 오류가 있는지 탐색합니다. 질문하고 답을 찾는 과정에서 오류가 발견된다면 자신의 생각을 수정해야 합니다.

회화 실력이 약간 부족하다고 영어 교사로서 자질이 전혀 없는 건 아닙니다. 선생님은 독해, 문법, 단어에서 강점이 많아요. 그런데도 회화 실력이 계속 신경 쓰인다면 송 선생님이 말씀하신 것처럼 여러 방법으로 실력을 키우고, 지금보다 더 발전할 수 있습니다. 선생님 스스로 생각을 긍정적인 방향으로 전환하시기 바랍니다.

학습을 포기한 학생들에 대한 지도 방법

이제 수학 선생님의 고민에 대해 이야기해 볼까요? 수학을 포기한 학생들이 많은 교실에서 수학 선생님은 어떻게 해야 할까요?

 송승훈　　　예전에 교무실에서 제 옆자리에 수학 선생님이 앉아 계셨는데 쪽지 시험을 보고 채점하면서 아이들 점수에 실망해 "내가 전공을 잘못 선택했지……."하고 한탄하던 모습이 떠오릅니다. 학습을 포기한 학생들이 많은 게 많은 수학 선생님들의 고민이에요.

부끄러운 이야기지만, 저는 대학 시험 때 수학을 55점 만점에서 18점을 받았어요. 저희 때는 문·이과로 나누어져 있고, 문과는 수학 1과 수학 2 중에서 쉬운 것을 배웠어요. 고3 때 3월 모의고사에서는 1개 틀려서 53점이었는데, 수학 2의 내용은 도무지 이해가 안 됐어요. 그래서 최종 대학 시험에서는 18점을 받았지요.

그때 저는 수업 내용을 도저히 알아들을 수 없어서 수학 시간에 다른 과목 공부를 했어요. 당시에 저 같은 아이들이 꽤 있었는데, 수학 선생님은 그걸 아시면서도 한 번도 섭섭한 모습을 보이지 않고 언제나 단정한 모습으로 자기 역할을 열심히 수행하셨어요. 그 모습이 멋있어 보였어요. 수학 선생님의 태도를 보고는 인생을 어떻게 살아야 하는지 배웠습니다.

수학을 포기해서 엎드려 있는 학생들이라 해도 선생님이 어떻게 수업을 운영하는지 보고 있고, 그 과정에서 무엇인가를 배우고 있습니다.

아이들이 선생님의 태도를 보고 삶의 자세를 배우게 된다는 말씀에 공감이 돼요. 저도 비슷한 기억이 있기 때문이에요. 그런데 수업 방법과 관련해서는 어떤 아이디어가 있을까요?

송승훈　　　수학을 포기한 학생들도 수업에 참여시키는 방법이 있어요. 관련해서 3가지 수업 사례를 알려 드릴게요.

첫 번째는 수학사 책을 모둠별로 한 장씩 읽게 하고 구술평가를 본 사례인데요. 수학사 책을 보면 집합의 역사, 함수의 역사 등 수학의 개념과 이론이 어떻게 성립하고 발전했는지가 나와요. 모둠별로 너희는 집합, 너희는 함수 이렇게 한 장씩 나누어서 수업에서 2시간 동안 책을 읽어요. 그다음에 구술평가를 보는 거예요. 구술평가 문제는 단 2개예요. 자기가 읽는 장에 나와 있는 수학의 개념을 1분 동안 설명하는 게 한 문제이고, 다른 문제는 그 개념이 현실에서 어떻게 쓰이는지 설명하는 거예요. 이 두 가지 내용이 모두 수학사 책에 나와 있어요. 책에 나온 내용을 잘 소화해서 말로 하면 되는 것이지요. 구술평가가 2시간 동안 진행되는데, 자기의 구술평가 시간이 아닐 때는 자기가 읽은 내용으로 비포 종이 1장에 수학 신문 만들기를 해요.

두 번째는 학교 도서관에서 수학책으로 발췌 독서를 한 사례예요. 학생들이 자유롭게 수학책을 가져와서 한 시간은 그냥 책을 읽고, 그다음 시간에 자기가 알아들을 수 있는 내용을 찾아서 에이포 1장에 정리하는 수업이에요. 여기서 '알아들을 수 있는 내용'을 정리하는 것이 핵심이에요. 느낌과 감상과 비판을 적으라고 하지 않았기에 누구나 쉽게 할 수 있어요. 수학책을 읽고 느낌과 감상을 쓰라고 하면 상당수 학생들은 느낌이 없다고 말하기에 성공하지 못합니다.

이렇게 하면 수학 시험 문제는 못 푸는 학생이라도 수업에 참여할 수 있고, 수학과 관련된 교양을 얻어 수학적 사유를 조금이나마 맛볼 수 있어요. 수행평가 중에서 일부를 이렇게 하면 수업 전체가 달라지지는 않지만, 일부는 학생들이 참여하게 됩니다.

세 번째는 수학을 포기한 학생들에게 도움이 되는 책을 골라 주고 읽게 한 선생님의 사례예요. 수학 시간에 수업을 못 따라 오는 학생에게 인생에 도움이 되는 독서를 하라고 수학 선생님이 챙기신 거죠. 이때 책은 수학에 한정하지 않고 제한이 없어요. 학생에게 도움이 되면 어떤 책이든 됩니다. 수학 시간에 수학책을 읽으면 좋지만, 수학책을 읽기 어려운 학생에게는 유연하게 대응하면 됩니다.

고 선생님, 초등에도 수학을 포기한 학생이 많나요?

고성한 　초등학교에서도 수학을 포기한 학생이 많습니다. 수학 교과는 나선형 교육과정입니다. 나선이란 3차원 공간의 곡선을 뜻합니다. 쉽게 말해서 빙글빙글 돌아가는 하나의 리본을 생각하면 돼요. 이 리본이 끊어지지 않고 계속 이어져 나가야 그 역할을 온전히 합니다. 마찬가지로 수학 교과는 끊기지 않고 계속 이어지는 게 중요합니다. 이전 단계를 완벽히 이해하지 못하면 다음 단계로 나아갈 수가 없거든요. 예를 들면, 구구단을 익히지 못한 학생은, '두 자릿수 곱하기 두 자릿수'를 수행하지 못합니다. 학생이 이전 수업 내용을 조금이라도 이해하지 못하면 다음 수업은 더욱 이해하기 어렵습니다. 그래서 수학 과목은 가르치기가 어렵습니다.

수학 교과는 학생 사이에 학습 격차도 심할 것 같아요. 수학 선생님이 어떻게 하면 좋을까요?

 고성한 　말씀하신 것처럼 다른 과목에 비해서 학생 간 수준 차이가 굉장히 심합니다. 그래서 보충 학습이 필요합니다. 이전에 수업했지만 제대로 익히지 못한 개념은 따로 가르쳐야 하죠. 그렇다고 수업 시간에 해당 학생에게 계속 이전 내용만 가르칠 순 없습니다. 예를 들면, 수업 시간에 남들은 '두 자릿수 곱하기 두 자릿수'를 배우는데 혼자서만 계속 구구단을 외우도록 할 순 없거든요. 보충 학습은 별도로 하면서 현재 배우는 내용도 함께 보도록 해야 하죠. 설령 이해가 잘 안 가더라도 말입니다.

보충 수업을 통해서 개별적으로 수준에 맞는 내용을 따로 가르쳐야 한다는 말씀이 군요. 일반적인 수학 수업 시간에 아이들을 가르치는 요령이 있을까요?

 고성한 　　　앞에서 말씀드렸던 것처럼 수학은 수준 차이가 매우 큰 과목입니다. 담임교사 혼자서 각기 다른 수준의 학생 모두를 돌보기 어려운 실정이고요. 그래서 저는 수학 시간에는 또래 교사 제도를 운영합니다. 모둠별로 한 명씩 또래 교사를 지정하는 거죠. 이 학생들이 모둠 아이들 수학 지도를 도와줍니다.

여기서 주의할 점이 있습니다. 학생이 공부를 잘한다고 교사가 또래 교사를 임의로 지정하면 곤란합니다. 가능하다면 자발적으로 원하는 학생을 선발해야 합니다. 자신이 원하는 학생을 뽑으면 스스로 더 자긍심을 갖고 친구들을 가르쳐 줄 수 있거든요. 수학을 잘한다고 누군가에게 억지로 시켜 놓으면 제대로 운영이 안 됩니다. 그리고 또래 교사를 자주 바꿔 줘야 합니다. 아무리 의욕을 갖고 임한다고 해도 누군가를 가르친다는 게 쉽지 않은 일이기 때문입니다. 시간과 에너지도 많이 필요하고요. 아무리 자발적이었다고 해도 계속 같은 학생으로 운영하면 해당 학생이 금세 지치게 됩니다.

또 다른 방안이 있을까요?

고성한　　　학생들이 수학을 왜 싫어할까 고민을 해 봤는데요. 그 중 한가지는 수학 교과 내용이 실생활과 관련이 없다고 느끼기 때문입니다. 실생활과 관련이 없다고 생각하니까 학생들이 수학에 흥미를 잃게 됩니다. 그래서 실생활 속에서 수학을 가르치는 것도 도움이 됩니다. 예를 들면, 사칙연산을 가르치는 상황이라면 알뜰 시장 같은 행사와 연계할 수 있습니다. 알뜰 시장에서 학생들이 물건을 사고팔려면 사칙연산을 잘해야 하거든요. 계산이 정확하지 않으면 본인 또는 타인에게 손해를 끼치게 됩니다. 이런 식으로 실생활 속에서 수학적 개념을 적용해 보는 기회를 자주 마련해야 합니다.

중고등학교에서 활용 가능한 방법과 초등학교 교실에서 도움이 되는 방법을 말씀해 주셨어요. 내용은 다르지만 결국 학생이 교실 안에서 포기하지 않고, 무엇이든 배울 수 있도록 한다는 것이 핵심이라는 생각이 듭니다.

─────────────── ┤ 함께 나아가기 ├ ───────────────

입시 수업과 실제적인 수업에 대한 고민

세 번째 사연을 주신 선생님은 입시 교육과 실제로 학생들의 인생에 도움이 되는 수업 사이에서 고민하고 계셨어요. 여기에는 어떤 도움말을 해 주실까요?

송승훈 　　　기본이 되는 학습 능력을 키워 주는 수업을 하면 수능 문제를 푸는 데도 도움이 됩니다. 입시 위주로 수업한다고 해서 생각보다 성적이 금방 오르지 않습니다. 그래서 저는 기본 학습 능력을 기르는 수업에 중심을 두라고 말씀드려요. 수능 문제 풀이는 교육방송 강의에 다 있어요. 필요한 학생들에게는 그 방송을 보라고 말씀해 주셔도 돼요.

저는 학생들에게 말해요. 글과 자료와 책을 읽고, 질문하고 답변하고, 소통하고 표현하는 교육은 내가 교사로서 교실 수업에서 잘할 수 있다, 그런데 입시 문제 풀이는 교육방송에 나오는 분들이 나보다 더 잘한다, 그러니 문제 풀이 공부는 이비에스 강의를 듣는 게 더 낫다, 나와는 진짜 기본 실력을 기르는 공부를 하자, 이렇게 말해요. 지금은 좋은 인터넷 강의가 많아서 문제 풀이 교육을 굳이 학교 교실에서 교사가 할 필요가 예전만큼 크지 않습니다.

온라인 강의를 참고하라는 말씀이 좋습니다. 그런데 이렇게 자신감 있고 씩씩하게 말하지 못하는 선생님도 계시리라 보여요. 다른 방법은 또 어떤 게 있을까요?

송승훈 　　　수업 시간에 문제 풀이 교육을 할 수밖에 없다면 절충해서 수업을 나누면 좋습니다. 한 학기가 보통 4개월이 조금 넘는데요. 이 중에서 한 달만 입시와 상관없이 긴 호흡으로 한 학기 한 권 읽기 같은 수업을 해 보는 것입니다. 한 학기 중 한 달만 긴 호흡으로 프로젝트 수업이나 독서와 글쓰기, 구술 수업을 하면 거기서 교사가 보람을 느낄 수 있습니다.

입시 수업과 실제적인 수업을 5:5로 맞추어도 좋습니다. 한 학기에 두 달은 강의식 수업을 하고, 두 달은 다양한 활동 수업을 하는 것이지요. 교과서에 나온 지식 내용을 강의하고 문제 풀이를 연습하는 입시 수업을 지필시험으로 평가하고, 실제적인 수업은 수행평가로 평가하면 됩니다. 현실에서도 학교생활기록부와 내신을 토대로 하는 수시 전형과 수능이 중심이 되는 정시 전형이 있으니까, 이 절충형이 학생들과 동료 교사들에게 어렵지 않게 설득이 됩니다. "세상은 절충이다! 절충하는 것 정도까지는 해 보자!"라고 말씀을 드립니다.

같은 과목을 교사 2명이 시간을 나누어 가르친다면 1명이 교과서 진도와 지필시험 문제를 맡고, 다른 1명이 수행평가와 학교생활기록부 기록을 맡는 방식으로 역할을 나누어도 됩니다. 2학기에는 두 사람이 서로 역할을 바꾸고요. 이렇게 한 학기 동안 집중해서 고급스러운 수업을 할 수 있습니다.

고 선생님은 사연을 어떻게 들으셨어요? 초등의 상황도 비슷한가요?

 고성한   초등은 대학 입시에서 조금은 자유롭습니다. 그래서 교사의 의지에 따라서 교육과정 재구성도 활발하고, 융합 수업도 빈번하죠. 그런데 조금 더 자유로운 것이지 완전하게 입시 제도의 영향에서 벗어나는 것은 아닙니다. 우리나라의 교육 현실 속에서 대학 입시는 많은 학생에게 막대한 영향력을 행사하고 있습니다. 특히 수능은 오지선다형 문제를 빨리 푸는 것이 목표죠. 그래서 반복적으로 문제를 정확하고 빠르게 푸는 연습을 해야 합니다. 교육과정 재구성을 통해서는 보통 창의성을 길러 주는 수업을 하는데 그 둘 사이에서 딜레마가 발생하는 거죠.

창의적인 수업 참 좋죠. 그런데 학생이나 학부모 모두가 그런 수업 방식을 좋아하지는 않을 것 같아요.

 고성한　　　네, 맞아요. 교과서로 수업하지 않으면 학부모가 항의하는 경우도 종종 있습니다. 왜 우리 반은 수학 단원평가를 하지 않느냐고 묻는 경우도 많고요. 이때 교사의 확고한 교육철학이 필요합니다. 교사가 중심을 잡고 흔들리지 않아야 자신이 원하는 방향으로 학급 교육과정을 이끌어 나갈 수 있기 때문입니다.

그러나 "세상은 절충이다!"라고 말씀하신 송 선생님 의견에도 적극적으로 공감합니다. 왜냐하면 앞에서 언급한 것처럼 결국 큰 틀에서 입시 제도를 미리 대비해야 하는 학생도 많기 때문입니다. 그래서 문제 풀이 자체를 아예 배제할 수는 없다고 봐요. 교사에 따라서 다르겠지만 때로는 양쪽을 함께 보는 노력도 필요합니다.

교사 상담 노트

- 사회인 외국어 공부 모임에 참여하고, 방학 때 배낭여행을 간다.

- 한국에서 외국인 대상으로 여행을 안내하는 투어 프로그램에 참여한다.

- 영어 수업과 관련된 대면 합숙 연수에 참여하고, 교사들이 쓴 영어 수업 관련 책을 읽는다.

- 선택적 추상화에 빠지지 않도록 주의하며, 자기 생각이 타당한지 에이프록 (A-FROG) 기법으로 스스로에게 질문한다.

- 수학 시간에 또래 교사 제도를 운영하며 실생활 속에서 수학을 가르친다.

- 기본 학습 능력을 기르는 수업을 하면 입시에도 도움이 된다.

◇◇◇ 4부 ◇◇◇

교사의
학교 밖 고민

B급 교사가
되고 싶지 않아요

저는 학생들과 눈 맞추는 걸 좋아하는 평범한 교사입니다. 초등학교에서 근무하고 있어요. 저는 학생들을 따뜻하게 지도하려고 노력하고 있습니다. 학교에 출근하는 게 즐겁고 교직 생활이 대체로 만족스러워요. 그런데 10년 넘게 근무했지만, 아직도 교직 생활에서 적응되지 않는 게 있습니다. 그건 바로 성과급 제도입니다.

학교 현장에서는 성과급을 S, A, B등급으로 나누어서 차등 지급합니다. 매년 학교는 성과급 문제로 떠들썩해요. 학기초에는 성과급 관련 평가 규정이 새롭게 정해지고 학기말에는 실제 평가가 이루어집니다. 학기초부터 학기말까지 성과급으로 인한 긴장이 계속 유지되고요.

상대평가이기 때문에 한 학교 내에서 누군가는 S등급을 받고 누군가는 B등급을 받습니다. 사실 저는 계속 A등급을 받아 왔어요. 어차피 S등급은 제 몫이 아니고 B등급을 받을 일도 없다고 생각했습니다. 그래서 그동안 성과급 결과를 크게 의식하지 않았던 것 같아요. 그런데 제가 이번에 처음으로 B등급을 받았습니다. B등급을 받고 나니 하늘이 무너지는 것 같더군요.

저는 학생들에게 사비로 선물도 사 주고요. 퇴근 시간 이후에도 학교에 남아서 교과 연구도 합니다. 그런데 제가 B등급을 받다니요. 모두가 B등급을 받은 저를 비웃는 것 같았습니다. 제가 평소에 학생들 앞에서 한 노력을 아무도 알아주지 않는다는 생각이 들더군요. B급 교사가 된 것 같아서 학생들 앞에 설 때마다 자신감이 생기지 않았습니다.

주변 동료들에게 말했더니 성과급을 잘 받는 데 도움이 되는 활동에 좀 더 집중하라고 합니다. 학생들을 데리고 대회에 나가서 대외적으로 상도 많이 받고 개인 연수도 더 많이 들으래요. 연구학교나 선도학교 같은 것도 신청해서 점수도 따라고 하고요. 저는 성과급을 받기 위해서 하는 활동이 교육과는 크게 관련이 없다고 생각합니다. 그래서 그런 활동들이 썩 내키지 않아요. 그냥 예전처럼 학생들 앞에서 성실한 교사로 지내고 싶습니다. 소외당하는 한 학생을 품어 주는 그런 교사로 남고 싶고요. 그런데 내년에도 왠지 B등급을 받게 될 것 같아요. 그렇게 계속 B급 교사로 낙인이 찍힐 것만 같습니다. 성과급 문제 어떻게 풀어 나가야 할까요?

성과급에 대한 소회

교원 성과급 제도는 관심도 많고 논란도 많은 제도이지요. 어떤 방식으로 지급되나요?

 고성한   성과급 제도는 일반 기업에서 먼저 도입되었습니다. 일반 회사는 성과 내는 걸 목표로 하죠. 회사의 이익을 극대화하기 위해서 성과 상여금을 지급합니다. 성과를 낸 직원은 높은 등급으로 격려하고 성과를 내지 못한 직원은 더 분발하도록 하는 거죠.

2001년에 학교 현장에 교원 성과급 제도가 도입되었습니다. 교직사회의 경쟁을 유도해서 교육의 질을 높이기 위함이었죠. 학교에서는 정량평가, 정성평가를 포괄한 다면평가를 통해 교사를 S, A, B의 세 등급으로 나눕니다.

정량평가는 객관적으로 점수를 매기는 평가입니다. 한 주에 수업을 몇 시간씩 했는지, 1년 동안 상담을 몇 시간 했는지, 대회에 나가서 상을 몇 개 받아 왔는지 등을 점수로 평가하죠. 정성평가는 다소 주관적인 평가입니다. 교사의 자질, 성실함, 학급운영 능력 등 수치화하기 어려운 요소를 평가하죠. 매해 정량평가와 정성평가를 정리한 다면평가 결과에 따라 각자 등급을 받습니다. 등급에 따라 성과 상여금도 차등 지급하고요.

중고등학교나 사립학교도 이런 제도가 있나요?

송승훈   그럼요. 중고등학교도 똑같습니다. 사립학교도 똑같고요. 학교 안에서 성과급은 구성원이 매우 예민하게 반응하는 제도입니다. 등급에 따라 받는 돈의 액수 차이도 꽤 커서, 등급도 사람의 감정을 건드리지만 거기에 따라 차등 지급되는 돈도 교사에게 충격을 줍니다.

선생님도 사연 속 선생님처럼 B등급을 받은 적 있으세요? 성과급을 받은 후 어떤 기분이 드셨어요?

고성한   저는 주로 A등급을 많이 받았는데요. S등급과 B등급도 몇 번 받아 봤습니다. 물론 S등급을 받으면 당연히 기분이 좋아요. 처음엔 마냥 좋다가 나중에는 왠지 모르게 찜찜했습니다. 곰곰이 생각해 보니 성과급이 상대평가이기 때문입니다. 제가 S등급을 받고 기뻐할 때 동료 중 누군가는 B등급을 받았다는 사실이 떠오르더라고요. 제가 그분들보다 월등하게 성과를 내서 S등급을 받은 건 아니거든요. 그분들께 왠지 모르게 죄송한 마음이 들었습니다. B등급을 받으면 기분이 정말 안 좋아요. 사연 속 선생님의 마음에 깊이 공감합니다. 1년 동안 학교 현장에서 노력했던 게 아무런 의미가 없었던 것처럼 느껴지더라고요. 그래서 매우 속상했습니다. 올해 B등급을 받았으면 내년엔 열심히 해서 더 좋은 등급을 받아야겠다고 다짐하면 좋겠지만 솔직히 말씀드리면 그런 마음이 전혀 들지 않더라고요. 학교 현장에서 묵묵히 노력해 봐야 부질없다는 생각만 들었고요.

송승훈 선생님도 다양한 등급을 받아 보셨죠? 성과급을 받고 어떤 기분이 드셨어요?

 송승훈   높은 등급을 받으면 기분이 좋고, 낮은 등급을 받으면 모욕감을 느꼈지요. 선생님들 가운데는 성과급 기준에 신경 쓰지 않고 열심히 하는 분이 계시고, 성과급 기준을 따져서 계산적으로 자기 등급을 챙기는 분이 계세요. 교사 집단에 자극도 주지만 그와 함께 상처도 주는 제도가 성과급입니다.

+ 상담 1 +

교원 성과급 제도의 장점과 단점

성과급 제도가 온전히 좋다거나 또 반대로 단점만 있다고는 생각하지 않습니다. 우선 성과급 제도의 장점부터 말씀해 주실 수 있을까요?

고성한   성과급 제도에도 장점이 있습니다. 먼저, 모두에게 성과 상여금이 지급된다는 점입니다. 월급 외에 별도로 상여금을 받는다는 것 자체가 교사에게 기분 좋은 일입니다. 물론 3단계로 등급을 나누어서 차등 지급한다는 게 찜찜하긴 하지만요.

그리고 기피 학년, 기피 업무의 유인책이 됩니다. 교사 대부분이 힘든 업무와 힘든 학년 맡는 걸 좋아하지 않습니다. 업무 부장이나 학년 부장을 서로 안 하려고 하는 경우도 많고요. 그런데 학교 안에서 그런 힘든 업무나 학년을 누군가는 맡아 줘야 합니다. 그래서 일부 학교에서는 정량평가 기준을 정할 때 기피 업무나 기피 학년에 가점을 주기도 합니다. 해당 업무나 학년이 어렵다는 걸 인정해 주고, 또 조금이라도 더 보상해 주는 거죠.

송승훈 선생님이 생각하시는 성과급 제도의 장점은 무엇인가요?

송승훈   기피 업무를 하는 사람에게 혜택을 주는 것입니다. 그리고 성과급 지표에 있는 내용을 교사들이 챙기는 분위기가 있어서 학교 안에서 어떤 부분을 정책적으로 강조할 때, 그것을 추진하는 데 성과급 제도가 힘을 보낼 수 있습니다.

그런데 성과급 제도에 단점도 많죠? 구체적으로 어떤 단점이 있을까요?

고성한   성과급 제도를 통해서 교육의 질을 높이려는 취지에는 공감합니다. 경쟁을 통해서 교사의 성장을 추구하려는 것도 충분히 이해하고요. 하지만 현장의 분위기는 그런 도입 취지와는 조금 거리가 있습니다.

먼저, 교사 간 경쟁이 과도해져서 협력을 저해하는 측면이 있습니다. 다른 학년보다 점수를 많이 받기 위해서 같은 학년끼리만 똘똘 뭉치게 될 때도 있거든요. 저도 학년 대표로 다면평가 기준을 세우는 다면평가 위원 활동을 해 봤는데요. 학기초에 기준을 마련할 때 분위기가 살벌했습니다. 서로 자신의 학년 점수를 높이려고 했거든요. 우리 학년 점수를 높이면 상대적으로 다른 학년 점수는 낮아지게 됩니다. 그러니까 서로 간에 분위기가 좋지 않았던 거죠.

중등도 분위기가 비슷한가요? 송승훈 선생님이 생각하시는 단점은 어떤 것이 있을까요?

송승훈 　　　교육은 동료 협력이 무척 중요해요. 부적절한 행동을 하는 학생 한 명을 제대로 가르치려면 어느 한 교사만 노력해서는 잘 안 돼요. 한 교사가 노력해 봐야 일주일에 그 반에 들어가는 수업 시간은 보통 4시간 정도가 최고이거든요. 그래서 그 학생을 바로잡으려면 3~4명 정도의 교사가 협력해서, 그 학생이 부적절한 행동을 할 때 그냥 지나치지 않고 일관되게 지적해야 그 학생의 부적절한 행동이 바로잡혀요.

그런데 성과급에서 낮은 등급을 받은 교사가 마음에 상처받아서 동료 협력을 요청받았을 때 하고 싶지 않은 마음이 들 수 있어요.

아주 가끔은 나쁜 마음이 들기도 합니다. 동료가 성공할 때도 기쁘지만 실패할 때도 기뻐서, 이런 생각을 한다니 내가 나쁜 사람이 되려는가 싶을 때도 있습니다.

또 다른 우려스러운 점도 있을까요?

 고성한   개인적으로는 다면평가에서 정량평가가 두드러지는 측면도 다소 우려스럽습니다. 물론 정량평가가 정성평가보다 수치화하기 쉽다는 점은 충분히 이해합니다. 객관적이어서 추후 논란의 여지도 덜하고요.

하지만 교육에서는 눈에 보이지 않는 요소도 중요합니다. 교사의 열정, 학생들을 아끼는 마음, 학급운영 능력 등의 정성적인 요소 말입니다. 그런데 이런 측면은 점수화하기가 어렵고 다소 주관적이기 때문에 평가에서는 상대적으로 덜 다뤄집니다. 그런 점이 우려스럽습니다.

송 선생님의 생각은 어떠신가요? 성과급 등급을 매길 때 정성평가보다 정량평가가 강조된다는 점에 동의하세요?

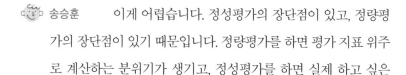 송승훈   이게 어렵습니다. 정성평가의 장단점이 있고, 정량평가의 장단점이 있기 때문입니다. 정량평가를 하면 평가 지표 위주로 계산하는 분위기가 생기고, 정성평가를 하면 실제 하고 싶은

말을 서로 하게 되지만 마음에 상처가 깊어지는 문제가 있습니다. 현실에서는 정성평가와 정량평가를 섞어서 같이해야 하는데, 어느 쪽에 더 무게를 두는가에 대해서는 답하기가 조심스럽습니다.

| 상담 2 |

교원 성과급 제도에 대한 견해

지금까지 성과급 제도가 많이 변화해 왔다고 들었어요. 지금까지의 변화를 어떻게 바라보세요?

 고성한 　　제가 교직에 처음 입문한 시기에는 성과급 제도가 지금보다 더 복잡했어요. 먼저 학교를 평가하고, 그다음에 개인까지 평가했습니다. 학교 등급과 개인 등급 모두를 종합하여 성과 상여금을 지급했고요. 그러다 보니 높은 평가를 받기 위해서 학교 등급까지 신경을 써야 했습니다. 학교 등급을 잘 받기 위해서 보여주기식으로 행사를 만들거나 큰 대회에 참석하는 경우도 종종 있었고요. 개인적인 생각으로 그때 교사들이 지금보다 더 경직되어 있었습니다. 개인의 평가는 물론이고 학교 간 경쟁까지 신경 써야 했으니까요.

지금은 제도가 바뀌어서 학교 평가를 개인 성과급에 반영하지는 않습니다. 그래서인지 학교 분위기가 이전보다는 조금 더 부드러

위졌습니다. 과거와 비교하면 긍정적인 변화입니다.

**송승훈 선생님은 과거와 비교했을 때 현재의 성과급 제도를 어떻게 바라보세요?
또 현재의 성과급 제도가 교육에 어떤 영향을 주고 있다고 생각하세요?**

 송승훈　　　이게 어떻게 기준을 만들어도 실제 현실의 업무 수행은 문서에 적혀 있는 기준보다 다양한 변수가 많아서 오차가 있습니다. 그래서 교육부나 교육청에서 똑같은 기준을 만들어 제시하지 못하고, 학교마다 상의해서 기준을 만들게 합니다. 인사평가 제도는 그 설계가 매우 어렵습니다.

성과급 제도가 학교에 주는 영향으로는 학교 구성원이 자기 관리를 해야 한다는 의식이 생기게 한 점이 있습니다. 다수의 교사는 평소에 성과급에 대해 특별히 어떤 느낌이 있지 않습니다. 평가 항목에 어떤 내용이 있어도 그것을 엄청 정성스럽게 하는 분이 있고, 대충하는 분이 있는데 그런 게 잘 반영되지 않기 때문입니다.

현재의 성과급 제도에 만족하세요?

고성한　　　크고 작은 제도적 변화가 학교 현장에 큰 영향을 줍니다. 그래서 긍정적인 방향으로 제도가 변화하는 것이 필요하고요. 가능하다면 성과급 차등 지급 자체를 폐지하고 균등하게 성과급이 지급되길 바랍니다. 그렇게 하면 같은 학교 안에서 교사 간에 소모적으로 경쟁하는 일이 줄어들 것 같아요. 또 서로 협력하는 분위기도 만들어질 것 같고요. 모든 교사가 각자의 자리에서 함께 애쓰고 있으니 등급을 따로 나누지 않고 똑같은 성과급이 지급되면 좋겠습니다.

송승훈 선생님은 어떤 견해를 갖고 계세요?

송승훈　　　조직 안에서 사람들이 하기 싫어하는 업무가 있습니다. 그 일을 맡은 사람에게 성과급이 지급되는 쪽으로 바뀌면 좋겠습니다.

현재 제도가 그대로 유지되거나 일부분만 개선되기를 바라는 분들도 분명히 있거든요. 그런 입장에 대해서는 어떻게 생각하세요?

고성한　　　성과급 차등 지급 자체를 폐지하면 좋겠지만 그게 당장은 어려워 보입니다. 그렇다면 긍정적인 방향으로 개선해야 합니다. 앞에서 송 선생님이 하기 싫은 업무를 맡은 교사에게 성과급을 주자고 말씀하셨는데요. 그 말씀에 동의합니다.
학기초에 힘든 업무나 힘든 학년을 맡으면 높은 등급을 받고 조금 수월한 업무와 학년을 맡으면 낮은 등급을 받는 것으로 서로 잠정적으로 합의를 하는 겁니다. 그리고 그걸 고려해서 본인이 직접 학년과 업무도 선택하도록 하고요. 학기초부터 그렇게 정해 놓으면 학기말에 등급 때문에 서로 얼굴 붉힐 일이 없습니다.

송승훈 선생님은 어떻게 생각하세요?

송승훈   평가 기준이 너무 많으면 사람들이 복잡하다고 여겨서 아예 신경을 안 쓰거나, 거기에 나온 항목 위주로 챙기는 사람이 조직 안에서 우직하게 일하는 사람보다 나은 평가를 받습니다. 누가 초과근무를 많이 했는가, 누가 상담 횟수가 많은가 같은 기준이 아니면 좋겠습니다. 학교에서 수업 연구나 업무를 할 시간이 부족해서 집에서 일하는 교사들이 대부분인데, 학교에 늦게까지 남을 수 있는 여건에 있는 사람만 높은 점수를 얻기 때문입니다. 상담은 학생 1명에 대해 30분씩 학생 2명과 1시간 동안 상담을 한 교사보다 30분 동안 학생 3명을 10분씩 상담한 교사가 더 높은 점수를 얻습니다.

평가 기준을 잘 살펴서 되도록 교육의 본질에 가까운 것을 남기고, 왜곡될 가능성이 있는 것은 평가 기준에 넣지 않는 게 좋습니다. 기본적으로 관점이 필요한데요. 평가 기준은 현실에 적용될 때 굉장히 다양한 변수에 영향을 받는다는 인식이 꼭 있어야겠습니다.

성과급 제도로 인해서 힘들어 하는 교사에게 전하고 싶은 말

성과급에서 누구든지 B등급을 받을 수 있잖아요. 그런데 사연을 보내주신 선생님
은 많이 힘들어 하시는 것 같아요. 그 이유에 대해서 어떻게 생각하세요?

 고성한　　　크게 두 가지 이유가 있습니다. 첫 번째는 정점과 종
점의 법칙입니다. 그리고 두 번째는 라벨링 효과입니다. 먼저 대니
얼 카너먼(2018)의《생각에 관한 생각》에 정점과 종점의 법칙이 나
옵니다. 우리 뇌는 어떠한 경험을 가장 기쁘거나 고통스러웠던 지
점인 정점과 마지막 지점인 종점의 평균값으로 기억합니다. 사연
속 선생님은 학생들과 즐거웠던 일도 많으셨을 거예요. 그런데 선
생님의 글을 보면 우울감이 많이 느껴집니다. 그건 바로 성과급에
서 B등급을 받은 그 경험이 선생님의 종점 경험이 되었기 때문입
니다.

두 번째인 라벨링 효과란 상대방이 붙여 놓은 라벨에 의해 자신
에 대한 개념과 행동이 달라지는 현상을 말합니다. 상품에 라벨을
붙이면 의심하지 않고 라벨에 적혀 있는대로 믿어 버리게 됩니다.
성과급 B등급을 받는 순간 B급 교사로 낙인이 찍히게 되죠. 자기
자신도 B급 교사가 되었다고 믿게 되고 우울한 감정에 사로잡히
게 되고요.

송승훈 선생님은 사연 속 선생님이 많이 힘들어 하는 이유에 대해서 어떻게 생각하세요?

 송승훈   이유가 필요한가요? 성과급에서 낮은 등급을 받으면 누구라도 매우 기분이 나쁩니다. 더구나 열심히 노력하는 교사라면 모욕감이 들지요. 그런데 기분이 나쁜 상태가 너무 오래 지속되면 조금 점검이 필요합니다.

내가 혹시 다른 의미 있는 일에 관심을 두는 것이 부족해서 나쁜 감정에 너무 오래 빠져 있는 게 아닌가 하고 살펴봐야 합니다. 성과급에서 등급이 낮게 나왔다면, 그것은 나에 대해 누가 문제를 제기하는 것과 같은 상황인데요. 이때 자기를 점검해 보고 스스로 판단을 내려야 합니다. 내가 열심히 했는데 이 제도가 나를 제대로 가치 평가하지 못했다! 또는 내가 이 부분은 보완해야겠구나! 이 정도로 자신을 점검하는 장치로 성과급을 쓴 다음에는 생각을 끊어야 합니다. 그래야 더 나은 교사가 될 수 있습니다.

그러면 해결 방법은 무엇이 있을까요?

고성한   먼저 종점, 즉 마지막 지점을 새롭게 바꾸는 겁니다. 한 해의 추억 모두를 바꿀 수는 없지만 마지막 순간은 교사 스스로 변경할 수 있거든요. B등급을 받은 사건으로 나의 1년을 마무리하지 않고 학생들과 있었던 기쁘고 감사한 일로 마지막을 장식

하는 겁니다. 학생들과의 행복했던 추억을 영상으로 만들거나 학생들에게 작은 선물과 편지를 보내는 것도 좋은 방법이 될 거예요.

두 번째는 스스로 마음을 돌아보는 겁니다. 자기도 모르게 자신을 B급 교사로 이름 붙이고 라벨링하고 있을 수 있거든요. 혹시 자신을 스스로 그렇게 인식하고 있다면 내가 하는 라벨링이 잘못되었음을 자각해야 합니다. 1년 동안 학생들을 인격적으로 대했던 모습, 또 학생들을 최선으로 지도했던 모습을 떠올려야 해요. 그런 식으로 자기 스스로 B급 교사가 아니라는 근거를 찾아야 합니다.

송승훈 선생님은 어떤 해결 방법이 떠오르세요?

송승훈　　　　저라면 의미 있는 일을 만들어서 그 일을 하는 데서 오는 성취감으로 성과급에서 낮은 등급을 받은 스트레스를 잊으려 하겠어요. 낮은 등급을 받은 현실은 되돌릴 수가 없잖아요. 그래서 생각을 돌리는 쪽으로 해결 방법을 말씀드립니다.

제 개인적인 경험으로 말씀드리면, 저는 맛집을 찾아서 맛있는 걸 먹는다거나, 마음속에 담아 둔 좋은 친구와 차 한 잔 마시며 이야기를 나눈다거나, 좋은 책을 사서 읽으면서 그 책 내용에 빠져서 다른 생각이 안 나게 한다거나, 재미나거나 생각거리가 있는 영화를 여러 번 봐서 그 감동으로 나쁜 감정을 덮어 버리는 방법을 씁니다.

사연 속 선생님에게 추가로 하고 싶은 말씀이 있으세요?

 고성한 　《심야 치유 식당》에서 정신건강의학과 전문의인 하지현 작가가 이런 말을 해요. "너무 열심히 하지 말라."고요. 너무 열심히 하지 말라고요. 많은 자기계발서에서는 분초를 쪼개 가며 열심히 일하라고 하잖아요. 그런데 너무 열심히 하지 말라고 하니까 황당하더라고요.

저자가 열심히 노력하지 말라는 이유가 있습니다. 자신이 100%로 일했는데 그만큼 성과를 못 내거나, 또 그만큼 평가받지 못하면 억울하고 분하거든요. 억울하고 분한 마음이 심해지면 우울증이 올 수도 있어요. 그래서 어떤 일을 하든지 억울하고 분할 만큼 너무 열심히는 하지 말라는 겁니다. 평가가 좋지 않아도 억울하지 않을 만큼만 노력하라는 거죠.

책 속에서 저자가 또 전하는 말은 무엇이 있나요?

 고성한 　열심히 노력한다고 주위 사람 모두가 그걸 온전히 알아주진 않습니다. 그걸 인식하라는 거예요. 즉, 남의 평가에 너무 집착하지 말라는 겁니다. 학교 현장에서 최선을 다했는데 평가 등급이 좋지 않을 수 있어요. 한 해 동안 정말 애썼는데 B등급을 받을 수 있고요. 열심히 수업 준비를 하고 생활지도가 어려운 학생에게 특별히 마음을 더 쏟았는데 B등급을 받았다면 누구라도 억울하고 분할 겁니다.

그렇지만 너무 억울해 하지 않기를 바랍니다. 성과급이 선생님의 노력과 열정 그대로를 평가할 순 없기 때문입니다. 성과급이 내 교직 생활 모두를 객관적으로 평가하는 것이 아니라 그저 매해 여러 가지 등급을 돌아가면서 받는 거라고 단순하게 생각하시기 바랍니다.

송승훈 선생님은 사연 속 선생님에게 추가로 하고 싶은 말씀이 있으세요?

송승훈   자신의 자존감을 높일 수 있는 활동을 찾으시기 바랍니다. 그러면 마음이 조금은 괜찮아질 겁니다. 교사 공부 모임이나 공공선과 사회정의에 이바지하는 사회단체, 교사들의 독서 모임, 사회인 독서 모임, 긴 호흡으로 진행되는 지적인 강좌 등에 참여하면 거기에서 주는 자기 성장의 만족감이 성과급에서 오는 스트레스를 줄이리라고 봅니다.

성과급은 국가의 제도여서 내 뜻대로 되는 게 아니잖아요. 그래서 제도에 대한 개혁은 그것대로 말하면서, 동시에 지금 제도에서 내가 어떻게 마음을 잘 돌볼까 하는 개인적인 대응도 신경 쓰면 좋겠습니다.

추가로 성과급 제도로 고민하고 계신 교사들에게 해 주실 말씀이 있을까요?

227

고성한　　　성과급 제도에 대해서 충분히 고민해 보시길 바랍니다. 성과급 제도가 괜찮은 정책인지, 아니면 그렇지 않은지를 말이에요. 만약 성과급 제도 자체가 괜찮게 생각되면 부담되지 않을 정도로 점수를 관리하면 됩니다. 그리고 마음 상하지 않는 정도의 등급을 받으면 되고요.

반면 제도 자체가 만족스럽지 않다면 선생님 한 분 한 분이 목소리를 내주시기 바랍니다. 교사들의 의견이 정책에 반영될 수 있도록 말이에요. 혼자 내는 목소리보다는 여럿이 내는 목소리가 좀 더 힘이 있습니다. 뜻에 맞는 교원 단체에 가입해서 함께 목소리를 내는 것도 좋은 방법입니다. 선생님의 주장을 글로 정리해서 신문사 칼럼 등에 기고할 수도 있고요.

송승훈 선생님도 성과급 제도에 대해서 고민하고 계신 교사들에게 하고 싶은 말씀이 있을 것 같아요.

송승훈　　　성과급 제도는 교사의 교육활동 중에서 일부분일 뿐입니다. 교사의 교육활동 중에는 성과급 지표로 측정되지 않는 것들이 너무나 많습니다. 따라서 교사는 애써 온 교육활동의 가치를 잘 가꾸어 나가고요. 좋은 사람들과 만나 좋은 일을 하면서 성과급의 상처를 잊어버리시기 바랍니다.

교사 상담 노트

- 성과급에서 B등급을 받은 일이 아니라 학생들과 있었던 기쁘고 감사한 일로 1년을 마무리한다.

- 학생들을 열심히 지도했던 모습을 떠올리며 스스로 B급 교사가 아닌 근거를 찾는다.

- 의미 있는 일을 만들고 몰입하여 성취감을 느끼고 성과급의 스트레스를 잊는다.

- 지나칠 정도로 애쓰지 말고, 평가가 안 좋아도 억울하지 않을 만큼만 노력한다.

- 교사의 교육활동 중 성과급 지표로 측정되지 않는것이 더 많음을 인식하고 교육활동의 가치를 가꾸어 나간다.

퇴직 후,
카페 창업을 하고 싶어요

교사의 고민 1

안녕하세요. 저는 초등학교에 근무하는 남자 교사입니다. 저는 학교에서 체육 전담을 맡고 있습니다. 제 아내도 인근 초등학교에서 근무하고 있어요. 아내는 담임교사이고, 학년 부장 업무도 함께 맡고 있습니다. 부장 교사는 아무한테나 안 맡기잖아요. 제가 보기에 아내는 능력도 있고 현장에서 동료들로부터 인정도 받는 것 같아요. 그런데 어느 날 아내가 제게 이런 밀을 했습니다.

"나 학교 그만두고 카페를 차리고 싶은데, 당신은 어떻게 생각해?"

저는 아내의 말을 대수롭지 않게 생각했습니다. 요즘 좀 힘들어서 투정을 부리는 거라고 여겼지요. 그런데 아내가 괜히 던져 본 말이 아니더라고요. 아내는 진심이었습니다.

아내는 카페에서 아르바이트를 해 본 적도 없고, 바리스타 자격증을 갖고 있지도 않아요. 물론 장사를 해 본 적도 없고요. 그저 커피를 좋아한다는 것 말고는 카페 창업과는 거리가 먼 사람입니다. 그런데 다짜고짜 교사를 그만두고 카페 창업을 한다고 하니 당황스럽습니다. 아내가 왜 교사를 그만두고 싶은지 생각을 해 봤어요. 저도 교직에 있으니 그 이유는 충분히 잘 알죠. 교사가 제대로 가르치고 싶어도 가르치기가 어려운 상황이거든요. 그런 상황 속에서 스트레스도 많이 받고 우울감도 겪고 있는 것 같아요.

아내가 매일같이 카페 창업 이야기를 합니다. 작은 카페를 차리고 직원 없이 혼자 일하겠대요. 제가 아무리 말려도 의지가 확고하네요. 교사를 그만두고 카페 창업을 한다는 아내를 어떻게 하면 좋을까요?

────────────── ┤ 공감 ├──────────────

학교를 떠나는 교사

퇴직을 고민하는 선생님 얘기를 들어 보니 많은 교사들이 비슷한 고민을 하고 계실 거라는 생각이 듭니다. 교사들 사이에서 교직 탈출은 지능 순이란 말까지 나온다고 하던데요. 이런 상황에 대해서 어떻게 생각하세요?

 고성한 　　　현직 교사로서 참 서글픕니다. '교직 탈출은 지능 순' 이란 말은 현재 교사들이 처한 현실을 잘 보여 주는 말입니다.

2023년에 한국교총에서 교원을 대상으로 설문조사를 했는데요. 교직 생활에 만족하냐는 물음에 '그렇다.'는 응답이 25%도 나오지 않았습니다. 다시 태어나면 교직을 택할 것이냐는 응답에도 '그렇다.'고 응답한 교사는 20%뿐이었고요.* 이처럼 현재 교사의 교직 만족도가 참 낮은 상황입니다.

교직 생활 만족도가 25%도 안 되다니…. 이 정도로 교사들이 힘들어 하고 계시군요. 그런데 만족도가 20%대로 떨어진 원인이 뭘까요?

 고성한   먼저 현재 교사의 처우가 정말 좋지 않습니다. 부장 보직 수당은 2003년부터 2023년까지 월 7만 원, 담임 수당은 2016년부터 2023년까지 월 13만 원이었습니다. 2024년부터 각각 15만 원, 20만 원으로 인상되었지만 여전히 업무량에 비해 수당이 터무니없이 적다는 의견이 많습니다.

두 번째로 교사가 겪는 심리적 어려움도 많습니다. 교사가 밤낮없이 학부모 민원에 응대해야 하는 경우가 많아요. 무례한 학생을 지도하다가 아동학대로 소송까지 당하기도 하고요. 교사들 사이에서는 교권 추락을 넘어 교실 붕괴가 일어나고 있다는 말까지 나오고 있습니다.

---

* https://www.hangyo.com/news/article.html?no=98867

송승훈 선생님 생각은 어떠세요?

 송승훈   최근에 와서 교사의 노동 강도가 무척 세졌습니다. 고등학교에서는 교사가 자기 수업을 듣는 모든 학생 한 명, 한 명에게 '과목별 세부능력 및 특기사항'을 써야 하는데, 그 부담이 상당합니다. 상당수의 교사가 방학 때 2주 정도를 학교생활기록부를 기록하는 데 시간을 쓰곤 합니다. 중학교에서는 생활지도가 어렵고, 고등학교에서는 시험 문제 출제와 성적 처리 관련해서 민원이 부담스럽습니다.

──────── ┤ 상담 1 ├ ────────
교사의 중층적인 인간관계에서 오는 어려움

최근 언론매체를 통해 학교 현장의 선생님들이 여러 힘든 상황에 놓였다는 것이 보도되었지요. 교사로 살아가면서 또 어떤 점이 어려우셨어요?

고성한   저는 교사를 둘러싼 중층적인 인간관계를 말하고 싶습니다. 일본의 정신건강의학과 전문의 나카지마 가즈노리는 《선생이 부서져간다》에서 교사가 동료 교사, 관리자, 학생, 보호자, 사회 전반의 관계 속에 놓여 있다고 말합니다. 교사가 복합적인 관계 속에서 모두와 잘 지낸다는 건 이상적인 이야깁니다. 다양한

233

관계 속에서 하나의 관계만 틀어져도 어려움을 겪게 됩니다.

또 교사는 매해 새로운 학급을 맡고, 주기적으로 학교를 옮기면서 새로운 사람들을 만나야 합니다. 올해 열심히 노력해서 관계를 잘 맺었어도 다음 해에는 또 새로운 관계가 펼쳐지는 거죠. 매해 새로운 관계를 잘 풀어내기 위해서 부단히 노력해야 한다는 점이 참 부담스럽습니다.

 송승훈　　　다른 일터도 그렇겠지만 학교에서도 인간관계가 힘이 듭니다. 특히 일부 무례한 학생에게서 받는 고통이 상당하고요. 학교에 따라서는 안 해도 되거나 간단히 할 수 있는 행정 업무를 괜히 복잡하게 해서 형식적인 실적으로 만들려고 할 때 교사에게 극심한 피로감이 찾아옵니다. 업무가 구성원에게 균등하게 분배되지 않고 고경력자는 일을 적게 맡고 저경력자가 일을 많이 맡는 학교에서는 구성원 사이에 분노의 감정이 깔려 있습니다.

여기에다가 사회가 다양해지고, 우리나라의 평균 기대수명이 늘어나고, 여러 직업에 대한 정보를 얻기 쉬워진 것도 이직이 많아진 이유라고 봅니다. 예전에는 한 직장에 오래 근무하는 사회적 분위기가 있었는데, 이제는 평생 직장은 옛말이 되었지요. 이런 사회 분위기에 교사들도 예외가 아닙니다. 다양한 관심사만큼 다른 일을 해 보고 싶은 마음이 있다고 봅니다.

현재 우리나라의 기대수명이 80세가 넘었는데, 그러다 보니 정년퇴직을 하기 전에 미리 명퇴하고, 몸에 힘이 남아 있을 때 새로운 일을 시작해 보려는 경향도 있습니다. 퇴직 후에도 새로운 일을 할 수 있지만, 그때까지 기다리기보다는 연금이 나오는 시기가 되면 곧바로 퇴직하고 새로운 일을 해 보려는 분들이 있습니다. 인터넷과 유튜브에서 온갖 직업 정보를 쉽게 얻을 수 있는 점도 영향을 준다고 생각합니다.

선생님도 퇴직이나 이직을 고민해 본 적이 있으세요?

 고성한   저는 여러 가지 이유로 남들보다 늦게 교직에 입문했어요. 어려서부터 교사라는 직업을 간절히 꿈꿨음에도 교사의 삶이 전적으로 만족스럽지만은 않아요. 물론 학생들을 지도하며 느끼는 보람도 크지만 스트레스도 상당하거든요. 중층적인 인간관계에서 오는 어려움도 많고 가르치는 일 이외의 잡무도 과중하기 때문입니다. 그래서 종종 퇴직 생각도 합니다.

교사를 그만두면 어떤 일을 해야 하나 생각해 봤습니다. 사연을 보내 주신 선생님처럼 카페 창업도 생각해 봤어요. 상담을 좀 더 공부해서 상담 센터를 여는 생각도 해 봤고요. 그런데 저 같은 경우에는 배우자와 자녀가 있어요. 위험을 무릅쓰고 새로운 도전을 한다는 게 말처럼 쉽지 않더라고요. 또 준비가 제대로 되지 않은 상태에서 막연하게 학교를 떠나는 건 바람직하지 않다는 생각도 들었습니다.

학교 현장에서 제가 할 수 있는 데까지 최선을 다할 생각입니다.

학생을 지도하는 일도, 또 교육 환경을 개선하는 일도요. 그래야 자의나 타의에 의해 교직을 떠나는 순간이 온다고 해도 후회가 남지 않을 것 같아요.

송승훈 고등학생 때 경찰이 되고 싶은 꿈이 있었어요. 제 고등학교 학교생활기록부를 보면 1학년 때 경찰, 교사 이렇게 두 직업이 적혀 있어요. 그래서인지 마흔 살까지는 경찰이 주인공으로 나오는 영화나 드라마를 보면 가슴이 두근거렸지요.

제가 전국국어교사모임의 독서교육 분과인 물꼬방 모임에서 활동하는데요. 교사 연수에 관심이 많았어요. 그래서 교육청에서 연수를 기획하는 연구사를 해 볼까 생각해 보기도 했지요. 여행을 좋아해서 여행사를 해 볼까도 생각했고요. 또 달지 않고 딱딱하고 고소한 맛이 우러나는 빵을 좋아해요. 진짜 맛있는 빵을 만들어서 차와 함께 내는 빵 카페를 해 보고 싶기도 해요. 튀르키예에 여행을 갔을 때 그곳의 커피와 빵, 디저트가 엄청 맛있었거든요. 카페의 공간 분위기도 색달랐고요.

저는 해 보고 싶은 게 있으면 그걸 하면 내가 어떤 모습일까 상상해 보곤 해요. 하지만 저는 무엇보다 학교생활도 재밌어요. 제가 참여하는 교사 공부 모임에서도 즐겁게 지내고요.

퇴직을 고민하는 동료 교사에게 전하고 싶은 말

사연 속 선생님이 옆에 계신다면 어떤 말을 해 주고 싶으세요?

 고성한　　　사연 속 선생님은 아내가 유능하고 교직 생활을 잘한다고 생각하고 있는 것 같습니다. 그런데 아내가 스스로를 어떻게 생각하는지는 잘 모르고 있는 것 같아요. 아내가 자신을 어떻게 바라보느냐가 가장 중요한데 말입니다.

사연 속에서 아내의 교직 생활에 대한 깊은 고뇌와 회의가 느껴집니다. 물론 남편으로서는 아내가 갑자기 카페를 차리겠다고 하니까 당황스러우실 겁니다. 아내의 심경이 전혀 이해되지 않을 것이고요. 그렇더라도 먼저 아내의 말을 충분히 들어주세요. 아내를 지지하고 응원하고 있다는 것도 잘 전달하시고요.

마지막으로 아내의 개인적인 욕구가 무엇인지, 즉 아내가 원하는 것이 무엇인지를 꼭 물어보기 바랍니다. 욕구 자체를 정확히 파악할 수 있다면, 욕구 충족을 위해서 할 수 있는 다양한 행동도 찾을 수 있기 때문입니다.

예를 들어, 학교 관리자나 학부모와의 틀어진 관계 속에서 아내가 인정의 욕구를 채우지 못할 수도 있습니다. 그렇다면 학교 안팎에서 인정의 욕구를 충족할 방안을 마련하는 게 중요합니다. 굳이 카페를 차리지 않고도 개인적으로 인정의 욕구를 충족할 방법이 있다면 그걸 먼저 찾아보는 거죠.

송승훈   교사는 학교에서 학생 동아리를 지도하게 되는데요. 저는 제가 관심 있는 직업이 있으면 그것과 관련된 동아리를 만들어서 해 봐요. 사연 속 선생님도 카페를 창업하고 싶으면 우선 카페와 관련된 동아리를 만들어서 학생들과 간접 체험을 해 보면 어떨까 합니다.

저는 아내 선생님에게 이렇게 말하겠어요. "내 월급에 기대지 않고 카페로 적당한 이익을 내면서 자립할 수 있으면 해 봐요. 그런데 준비 없이 하면 안 되고, 커피와 차를 맛있게 내는 능력을 충분히 키우고, 상권을 고려해서 카페 자리를 알아보고, 돈이 나가고 들어오는 수익 계산을 하고, 자영업 관련 강의를 듣고 경영 능력을 익힌 후에 시작했으면 합니다."

어떤 일이든 쉽지 않잖아요. 학교 바깥의 사람들은 어린 학생들을 가르치는 일이 뭐가 어렵냐고 말하지만, 그렇게 말하는 사람들도 학교에 오면 바깥에서 보는 것처럼 쉽지만은 않을 거라는 걸 교사들은 알잖아요. 그와 마찬가지로 카페를 하는 것도 그 일을 실제 하지 않는 위치에서 바라볼 때는 멋있는 점 위주로 보이고 그 멋짐을 유지하는 데 들어가는 노력과 고단함, 어려움을 과소평가할 수 있어요.

한 번 사는 인생인데 남에게 피해를 주지 않으면 뭘 해도 상관없어요. 자기가 땀 흘려 일해서 살아간다면 다 존중받아야죠.

선생님 주변에 정년을 많이 남기고 퇴직이나 이직을 한 분이 있나요?

 고성한   주변에 실제로 조기에 퇴직하거나 이직한 분들이 있습니다. 교직을 떠나 전업 유튜버로 활동하고 있는 분도 있고요. 교육 관련 기업으로 이직한 분도 있어요. 그분들의 행적을 보면 막연하게 퇴직을 한 게 아니라는 생각이 들어요. 물론 교직에 있는 동안 교사로서도 열심히 살았지만 퇴직 후의 삶도 미리 준비했습니다.

첫 번째 분은 교사 재직 중에 겸직 제도를 통해서 이미 유튜버로 활동했습니다. 교사 유튜버로 활동하면서 인지도를 쌓았고요. 구독자 수가 충분해졌을 때 퇴직하여 현재는 전문 유튜버로 활동하고 있습니다. 또 다른 분은 연수 휴직 제도를 활용하여 대학원 과정을 밟았어요. 대학원 공부를 하다가 다른 길을 발견한 거죠. 대학원 공부를 마치고 나서 자신의 전공 분야를 살려서 이직했습니다.

아무런 준비 없이 막연하게 퇴직하면 어려움을 겪을 수 있습니다. 실제로 퇴직을 생각하고 있다면 겸직이나 휴직 제도 등을 활용해서 자신이 하고 싶은 일을 미리 경험해 보는 것을 추천합니다.

송승훈   교사를 그만두고 인문학 서점을 하는 분이 있어요. 책이 많이 안 팔리는 사회 분위기에서 서점을 유지할 수 있을까 걱정했는데, 꿋꿋이 멋있게 서점을 운영하시더라고요.

국회의원 보좌관으로 간 동료도 있어요. 수업을 잘하고 교육정책에 전문성이 깊었는데, 여러 곳에서 강의하고, 글을 쓰고, 책을 펴내고, 유명한 교육학자의 책을 번역하기도 한 교사예요. 새로운 시작을 하는 모습이 조금 놀라웠죠.

대학 선후배 중에서는 교사하다가 사교육 학원으로 자리를 옮긴 예도 있고요. 교사를 할 때보다 월급이 비교가 안 될 정도로 세고, 수업 이외의 잡무가 없는 게 장점이지요. 반면에 직업 안정성이 약하고, 다른 강사들과 무한경쟁에 시달려야 하고, 교육과정에 나온 다양한 수업은 사교육에서 하기가 어려운 점은 단점이에요. 예를 들면, 책 읽고 글 쓰고 소통하는 수업은 학교에서 더 잘되는 측면이 있죠. 사교육에서는 참여 동기가 확실한 학생들을 대상으로 가르치는 것이고, 공교육에서는 참여 동기가 있는 학생과 없는 학생을 모두 함께 가르치는 것이 차이지요. "어떤 삶을 어떻게 살아야 행복한가?" 하는 질문에 자신이 어떻게 대답하는가에 따라 길이 달라지지요.

함께 나아가기

그래도 퇴직을 원하는 교사에게 하고 싶은 이야기

퇴직을 원하는 교사에게 추가로 하시고 싶은 말씀이 있을까요?

고성한　　　내가 생각하는 일이 퇴직을 해야만 할 수 있는 일인지, 아니면 교사 생활을 하면서 할 수 있는 일인지를 따져 봐야 합니다. 예를 들면, 작가로 활동하고 싶거나 유튜브 크리에이터로 활동하고 싶을 수가 있잖아요. 그런데 퇴직 후에 전업 작가 또는 전업 유튜버로 활동하는 건 생각처럼 쉽지 않습니다. 왜냐하면 충분한 보수가 보장되지 않기 때문입니다.

작가나 유튜버는 교사를 하면서도 할 수 있습니다. 겸직 제도를 통해 그 일을 병행할 수 있죠. 교사와 병행한다면 돈에 구애받지 않기 때문에 더욱 그 일을 즐겁게 할 수 있습니다. 물론 교육활동과 관련이 있어야 하고, 또 교직 생활에 지장이 없는 범위 내에서 해야 합니다.

교사도 공무원이기에 교직 이외의 영리 활동을 전혀 할 수 없는 것으로 알고 있는 분들이 있습니다. 엄밀히 따져 보면 그렇진 않아요. 책을 출간하거나 외부 강의를 하는 것도 가능하고요. 이외에도 교사가 할 수 있는 일들이 많습니다. 무작정 퇴직하지 말고 관련 규정을 먼저 살펴보시기 바랍니다.

송승훈　　　교사로 사는 것의 장점은 자율성이 높다는 것이에요. 그리고 학생들이 성장하는 모습을 지켜보는 게 즐겁고요. 아이들을 가르치는 일은 사회가 어떤 체제이든지 꼭 필요한, 의미 있는 일이지요. 경제적 거래를 매개로 하지 않은 관계여서 교사와 학생의 관계는 다른 여러 직종에 비해서 평화로운 면이 있어요.

교사를 그만두고 싶은 이유는 여기가 재미없거나, 재밌어도 힘이 들거나, 다른 더 재미난 일이 있을 때인 경우가 많은데요. 학교가 재미없으면 교사로 재밌게 사는 선생님들의 연수를 찾아 들어 보면 정서적으로 산뜻한 자극이 와서 도움이 됩니다. 교사 단체나 교사 공부 모임에 참여한다면 함께 성장하는 즐거움을 느낄 수 있어요.

학교생활이 재밌는데 힘들어서 그만두고 싶은 분에게는 참아 보라고 얘기하고 싶어요. 학교가 재밌는데 왜 나가요? 나가면 안 힘들 것 같아요? 이제 100세 인생인데, 지금 나가면 남은 긴 시간 지루해서 어떻게 살려고 해요.

힘들면 무급휴직을 1년 써서 일단 쉬고, 튀르키예처럼 이방인을 환대해 주는 나라에 한두 달 여행을 다녀오기를 권해요. 열심히 살다 보면 누구나 번아웃이 올 수 있어요. 자신의 욕구는 누른 채 다른 사람을 위해서만 살면 마음 한 곳에서 어두운 기운이 생기기도 하고요. '왜 나만 이렇게 열심히 착하게 살아?' 하는 보상심리가 커질 수도 있고요. 그럴 때는 훌쩍 떠나 보세요. 관광객이 넘쳐나는 유명 관광지보다는 편안히 쉬면서 자신을 돌아보고 회복할 수 있는 곳을 찾는 것이 도움이 될 것입니다. 낯선 곳에서 새로운 사람들을 만나고 얻는 기쁨도 큽니다. 사람 관계에서 생긴 피로는 좋은 사람들을 만나면서 환대를 받으면 해결이 됩니다.

교사 상담 노트

- 퇴직하고 싶은 이유를 감정·욕구와 관련해서 파악한다.

- 학교 안팎에서 감정·욕구를 충족할 방법을 떠올린다.

- 하고 싶은 일이 교사 생활을 하면서도 병행할 수 있는지 따져 본다.

- 겸직·휴직 제도를 활용하여 퇴직 전 자신이 하고 싶은 일을 미리 경험한다.

- 학교가 재미없다면 교사 공부 모임에 참여해서 긍정적인 자극을 받는다.

- 학교생활이 재밌는데 힘들어서 그만두고 싶다면 잠시 쉬어 가는 것도 방법
  이다.

14

육아 때문에
자기계발이 어려워요

교사의 고민 1

안녕하세요. 저는 육아도 수업도 자기 공부도 다 잘하고 싶은 교사입니다. 결혼했을 때는 괜찮았는데 아이를 낳고 키우다 보니 육아에 시간과 정성이 엄청나게 들어가서 자기계발을 하기가 어렵습니다. 연구회나 공부 모임에 나가고 연수에 참여하려고 해도 신경 쓸 게 많아요.

함께 사는 사람은 가정적이라 저와 같이 있는 것을 좋아해요. 이 점이 결혼 전에는 좋았는데 결혼 후에는 남편이 제가 바깥에서 연구회나 공부 모임에 참여하려고 할 때 불편해 하기도 해요. 물론 육아를 어느 한쪽만 부담하지는 않아요. 저희는 부부가 협력해서 아이를 돌보는데도 어려움이 있네요.

제 주변에는 육아하는 부부의 유형이 몇 가지 있어요. 남편이 일을 더 많이 하고 아내가 휴직해서 아이를 돌보는 경우가 있고요. 남편과 아내가 번갈아 가며 육아휴직을 하는 경우가 있어요. 아내와 남편이 함께 일하면서 서로 시간을 내서 아이를 돌보기도 하고요. 저는 육아휴직 때 오후 네 시가 되면 답답함이 차오르기도 했어요. 지금은 복직해서 육아도 수업도 자기계발도 다 잘하고 싶은데 시간이 모자라요.

| 공감 |

아주 힘든 일

육아에도 학교 일에도 자기 전문성에도 모두 최선을 다하고 싶은 선생님이 사연을 보내 주셨는데요. 송승훈 선생님은 주변에서 비슷한 경우를 보신 적이 있나요?

송승훈 　　젊었을 때는 저도 정신없이 사느라 몰랐다가 주변에서 아이를 낳아 키우면서 힘들어 하는 모습을 많이 보고 육아가 큰일인 것을 알았어요. 전국국어교사모임의 독서교육 분과인 물꼬방 연수에 참여해서 공부하는데, 선생님 한 분이 육아 때 경험을 얘기해 주었는데 깜짝 놀랐어요. 정말 단정하고 반듯한 분이었는데, 육아휴직을 하고 아이를 키울 때 오후 다섯 시 정도가 되면 답답함이 가슴에 차올라서 날마다 맥주 두 캔을 단숨에 비웠다고 하더라고요. 전혀 흔들림이 없어 보이는 선생님에게서 그런 이야기를 들으니 놀랐지요.

정말 힘들지요. 아이를 키워 본 부모라면 다 공감할 거예요.

🐵 송승훈   맞아요. 제가 이 이야기를 다른 자리에서 말했더니, 아이를 키운 여교사들은 다 공감하시더라고요. 이게 특별한 이야기가 아니었어요. 같은 모임에 있는 이주연 선생님은 아이가 어릴 때 너무 힘들어서 그때 기억을 다 지워 버렸다고 말씀하시더라고요.

고성한 선생님도 비슷한 경험이 있으신가요?

🙂 고성한   사실 사연을 들으면서 뜨끔했습니다. 제 아내가 보낸 사연은 아니겠죠? 저와 아내 모두 성장에 관심이 많습니다. 아내는 주로 연수를 통해 무엇인가를 배우고 싶어 합니다. 저는 혼자서 책을 읽거나 글을 쓰면서 생각을 정리하는 걸 좋아하고요. 신혼일 때는 각자가 원하는 생활을 해도 큰 어려움이 없었습니다. 그런데 아이가 태어난 후에는 각자 원하는 일을 다 할 수는 없더라고요.

그렇군요. 좀 더 구체적으로 말씀해 주실 수 있을까요?

🙂 고성한   아이가 아직 어리다 보니까 부모의 손길이 많이 필요합니다. 둘 다 또는 한 명이라도 아이 곁에 꼭 있어 줘야 해요. 한

사람이 어떤 일을 하면 나머지 한 사람은 그 시간에 육아를 감당해야 합니다. 물론 육아 시간이 소중한 시간인 건 잘 압니다. 아이를 통해서 얻는 행복과 만족감도 정말 크고요. 하지만 육아를 하느라 저희가 하고 싶은 일을 포기할 때도 많아서 종종 아쉽고 속상합니다.

| 상담 1 |

미혼일 때 육아의 문제 상황을 대비하는 법

모든 문제는 사전 대응, 그러니까 미리 준비하는 게 필요하잖아요. 육아와 학교 일을 어떻게 잘 병행할까에 대한 답을 찾기 위해서, 결혼하기 이전에 대비해 두면 좋은 게 있을까요? 송승훈 선생님이 말씀해 주시죠.

송승훈　　　제가 방학 때 국어과 1급 정교사 연수에 가서 강의하거나 신규 교사 연수에서 강의할 때 젊은 선생님들에게 꼭 말하는 게 있어요. 결혼하기 전에 사회적 인간관계를 최대한 많이 만들라고 해요. 사람의 생애 주기가 취직하고 나서 결혼하고, 그다음에 아이를 낳으면 아이를 키우느라 몇 년 사회생활에 공백이 생길 수 있는데, 이때 사회적 인간관계가 자신의 교사 정체성을 회복시키는 데 도움이 돼요.

생애 주기에 대한 고려 없이 결혼하고 아이를 낳으면, 몇 년간 육아하느라 학교생활 이외에 사회 활동을 전혀 못 할 수 있어요. 아이가 초등학교에 갈 때쯤 되면 부모에게 어느 정도 시간이 생기는데, 학교 밖 사회생활을 몇 년간 안 했기 때문에 그때는 자신감이 없어져서 시간이 있는데도 공부 모임 같은 데 참여하지 못하기도 해요. 주눅이 든 것이죠.

저는 결혼하기 전에 아내와 결혼에 관한 책을 함께 보았어요. 그리고 부부 간에 생기는 문제 상황에 관한 책도 같이 보고 이야기를 나누었어요. 지금도 기억나는 내용이 "우리에게는 부부 간의 문제가 생기지 않을 거야, 라는 생각을 하면 안 된다. 모든 부부에게 문제는 생긴다."라는 것이었어요. 결혼하고 나면 이상하게 부부가 서로 자기 고집을 세우는 경향이 있으니까, 결혼하기 이전에 각자가 원하는 결혼 후 생활 모습에 관해 이야기를 나누고 합의해 두면 좋아요. 여자나 남자나 결혼 전에 합의한 조건에 대해 마음의 준비를 하고 시작하니까 혹 후에 문제가 생겨도 합의가 잘 돼요.

이런 방법이 있군요. 흥미가 생기는데, 더 말씀해 주세요.

송승훈 　　　결혼하기 전에는 서로 너무 좋아서 날마다 만나고, 모든 여유 시간을 상대와 함께하는 경우가 있는데요. 이게 부작용이 있어요. 연애할 때는 내 연락을 바로 받고, 내가 만나자고 하면 언제든 나에게 맞추어 주는 사람이 있으면 너무 좋죠. 그런데 결혼하고 나서는 그 점이 나쁜 점으로 바뀌기도 해요. 아이를 낳고 번 갈아 가며 육아를 하는데 부부 중 어느 한쪽이 아이를 돌보는 시간에 배우자에게 "밖에 나가지 말고 나와 함께 있어 달라."라고 할 수 있어요.

부부 두 사람 모두에게 각자 배우자 이외에 사회적 인간관계가 있어야, 내가 밖에서 자기계발을 위해 공부 모임이나 연구 모임에 참여할 때 배우자에게서 방해받지 않아요. 연애할 때 나만 바라보고 다른 사회적 인간관계나 모임 활동이 없는 사람은 육아할 때는 나의 사회 활동을 방해할 수 있음을 기억해 주세요. 제 주변에서 이런 경우를 다섯 쌍이나 보았어요. 모두 능력 있고 열정 있는 여 선생님인데, 집에만 있기 좋아하는 남편 때문에 사회 활동을 하면서 고민을 해요.

그러니 연애할 때, 나는 일주일에 두 번은 다른 사람과 만나서 사회 활동을 하고 밥도 집이 아니라 바깥에서 먹는 사람이라는 메시지를 배우자가 될 상대에게 전해야 해요.

예전에는 육아를 아내가 전담하고 남편은 바깥 활동을 너무 해서 문제였는데 사례가 새로워요. 아내가 사회 활동을 많이 하는데 남편이 아내에게 함께 집에 있자고 한다면 정말 고민이겠어요. 고성한 선생님은 어떤 말씀을 하고 싶으신가요?

 고성한 　　　저도 송 선생님 말씀에 동의합니다. 결혼 전에 서로 많은 대화를 나누어야 해요. 결혼하기로 마음을 정하면 그때부터는 결혼 후 삶의 밑그림도 함께 그려야 합니다. 출산, 대학원 진학 등 인생의 굵직한 계획들을 미리 세워 보는 거죠. 물론 삶이 항상 계획대로 되진 않을 겁니다. 하지만 큰 틀 안에서 계획을 세워 보는 건 서로에게 분명히 의미가 있습니다.

결혼 후 여러 가지 계획이 있을 텐데요. 그중에서도 가장 중요한 고민이 바로 출산 문제죠?

 고성한　　　네. 저도 그렇게 생각합니다. 아이를 낳을 것인지, 낳는다면 언제 낳을 것인지가 부부에게 정말 중요한 문제입니다. 사실 저도 결혼 전에는 출산 후 삶의 패턴이 완전히 달라진다는 걸 깨닫지 못했어요. 저희 부부 얘기를 하면요, 아내는 결혼 후 대학원에 진학해서 공부를 더 하고 싶어 했습니다. 그때는 아이가 생기기 전이었거든요. 그래서 지방에서 서울까지 대학원을 다녔죠. 한참 대학원에서 공부를 하는데 중간에 아이가 생겼습니다.
출산과 육아를 해야 하는데 바로 대학원 공부를 이어가기는 어렵겠더라고요. 저희가 미리 큰 그림을 그려 놓았다면 아이를 낳기 전에 대학원 공부를 모두 마치거나 아이가 어느 정도 큰 이후에 대학원 진학을 생각했을 겁니다. 현재는 아이가 어느 정도 큰 다음에 아내가 다시 대학원 공부를 하는 것으로 계획을 수정했어요.

그렇죠. 아이가 생기면 부부의 삶이 아이 중심으로 바뀌게 되는 것 같아요. 고 선생

님, 출산 말고도 부부에게 많은 일이 있겠죠?

 고성한　　　출산 말고도 또 다른 일들이 많습니다. 예를 들면, 부부 중 한 사람이 승진에 뜻이 있을 수도 있고, 박사 과정을 밟고 싶을 수도 있어요. 부부 중 한 사람이 외부 활동에 시간을 많이 써야 한다면 그 시기에 배우자는 상대적으로 가정일에 비중을 둬야 합니다. 그런 식으로 서로의 욕구를 파악하고 계획을 미리 세워 두면 좋습니다.

물론 일방적으로 한 사람에게만 희생을 강요할 순 없습니다. 한 사람만 자아실현을 하는 것이 아니라 부부가 함께 원하는 바를 이뤄 나가야 하기 때문입니다. 각자 외부 활동을 하는 시기가 겹치지 않도록 계획을 짜고 순차적으로 그 활동을 해 나가면 서로의 발전에 도움이 됩니다.

─┤ 상담 2 ├─

결혼 후 육아에 대한 고민을 해결하는 방법

지금까지 결혼 전 육아 고민을 미리 예방하는 방법을 들어 보았습니다. 이제는 결혼하고 나서 육아에 대한 고민을 어떻게 해결할지 알아봐야겠죠? 송승훈 선생님, 사연 속 선생님의 고민은 어떻게 해결하면 좋을까요?

송승훈　　예전에 갓 결혼한 여선생님이 모임을 하다가 남편과 통화를 하고는 집에 들어가 봐야겠다고 했어요. 왜 그러냐고 했더니, 아내가 집에 없으니 남편이 밥을 안 먹고 있다는 거예요. 아내가 오면 같이 먹겠다고 남편이 말했대요. 그래서 그 여선생님이 사랑스러운 표정을 짓고, 애틋한 마음으로 자기를 기다리는 남편이 있는 집으로 갔어요.

저는 그 모습을 보고 비극의 출발이라는 생각을 했어요. 신혼이니까 그 여선생님이 기쁘게 집에 갔지만, 결혼하고 10년 뒤나 20년 뒤라고 생각해 보세요. 이게 기쁘겠어요? 아무것도 하지 않고 아내가 오기만을 기다리는 남편을 떠올려 보세요. 문제 상황이죠.

성인이면 자기 스스로 생활을 관리할 수 있어야 해요. 혼자 옷 입고, 혼자 밥 먹고, 혼자 청소도 해야 어른이지요. 너무 상대를 배려하고 챙기기 시작하면 배우자는 진짜 어른이 되지 못해요. 나중에는 배우자가 아이처럼 행동하며 나를 조종하려 할 때 화가 나게 돼요.

홀로 설 수 있는 두 사람이 함께 살아야 서로 도우며 오순도순 재미나게 살 수 있습니다.

자립할 줄 아는 두 사람이 만나 부부가 되어 함께 살아야 서로에게 고마워한다는 말이 듣기 좋네요.

송승훈　　아이를 낳았다면 부부가 함께 아이를 키우는 것은 당연하죠. 어느 한쪽에게 맡기는 것은 더 이상 시대에 맞지 않고, 육아를 전담한 쪽이 배우자를 크게 원망하는 마음을 가질 수 있기에 주의해야 해요. 요즘에는 육아를 부부가 함께하는 게 상식이 되었죠. 그런데 함께 아이를 키우더라도 사회 활동에 대해 협의가 필요해요. 한 달에 몇 번은 바깥에서 밥 먹고 사회 활동을 한다고 아이를 낳기 전에 합의하면 좋아요. 미리 합의하면 상대도 마음의 준비를 하니까요.

또 부부 중 한쪽이 아이를 돌볼 때, 다른 사람 역시 집에 꼭 있어야 한다고 하면 안 돼요. 3분의 1은 각자 육아하는데 상대도 집에 있기, 3분의 1은 부부가 함께 육아하고 함께 집에 있기, 3분의 1은 각자 육아하는데 다른 쪽은 집에 없기, 이렇게 세 가지 경우의 수를 정해 두면 마음 상할 일이 줄어들어요.

부부 간에는 상대가 행복해야 나도 행복해진다는 생각이 필요해요. 당장 나 편하자고 배우자를 내 곁에 잡아 두면, 그의 몸은 내 곁에 있지만 마음은 한 걸음씩 멀어져 간다는 사실을 꼭 기억해 주세요.

구체적으로 현실에서 적용해 볼 수 있는 방법을 소개해 주셔서 좋습니다. 고성한 선생님은 어떤 생각을 갖고 계세요?

 고성한 육아와 수업, 자기계발까지 모두 잘하고 싶은 선생님의 마음에 충분히 공감합니다. 저도 현재 육아를 하고 있지만 비슷한 마음이거든요. 모두 잘하고 싶은데 쉽지 않아요. 시간은 한정되어 있고, 또 제가 쓸 수 있는 에너지도 제한적이기 때문입니다. 학교에 시간이나 에너지를 많이 쓰게 되면 그만큼 육아와 자기계발에 쓸 시간과 에너지가 줄어들죠. 반대로 육아에 비중을 두면 수업 준비나 자기계발에 사용할 시간과 에너지가 없어지고요. 그렇다고 수면 시간을 줄여 버리면 건강에 문제가 생깁니다. 그래서 제가 내린 결론이 있습니다.

시간을 질적으로 사용하자는 거예요. 가끔 제가 아이 하원이나 병원 진료를 챙겨야 할 때가 있어요. 그때는 학교에서 육아 시간을 사용하고 일찍 퇴근합니다. 그런 날에는 쉬는 시간이나 화장실 가는 시간까지 줄여 가며 업무를 처리하고 수업 준비를 해요. 일할 수 있는 시간이 줄어든 만큼 시간을 최대한 질적으로 활용하는 거죠.

마찬가지로 퇴근 후에 연수를 들어야 할 때도 있습니다. 그럴 때는 집안일을 집중해서 하고 최대한 일찍 끝냅니다. 그리고 아이를 볼 시간도 상대적으로 줄어드는데요. 아이와 함께할 수 있는 시간은 짧지만 충분히 집중해서 놀아 줍니다. 그런 식으로 해야 할 일을 집중해서 최대한 빨리 끝내 놓고 나머지 시간을 충분히 마련하는 거죠.

시간을 질적으로 활용하자는 말씀이 와닿습니다. 사연 속 선생님은 육아하는 가운데 자기계발도 잘하고 싶어 하시는 것 같아요. 좋은 방법이 있을까요?

고성한　　　앞에서 말씀드린 것처럼 아이가 어릴 때는 포기해야 하는 것이 많습니다. 예를 들면, 대학원에서 강의를 듣거나 집합 연수에 참여해서 장시간 연수를 듣기는 어렵죠. 그렇지만 요즘 온라인 연수가 활성화되어 있어요. 찾아보면 양질의 연수가 참 많습니다. 그리고 유튜브나 오디오북에도 좋은 콘텐츠가 많고요.

아이가 어려서 시간을 자유롭게 쓰기 어려울 때는 토막 시간을 잘 활용하시기를 바랍니다. 틈틈이 온라인 연수를 듣거나 책을 읽는 시간으로 활용하는 거죠. 육아 중에도 아이가 낮잠을 자거나 중간중간 짬이 날 때가 있거든요. 그 토막 시간을 잘 활용하면 성장에 대한 갈증을 어느 정도 해소할 수 있습니다.

지적인 갈증도 있지만 정서적인 갈증도 있을 것 같아요.

 고성한　　　저도 그 말씀에 동의합니다. 반복되는 육아로 인한 스트레스를 풀 창구도 꼭 필요하거든요. 저와 아내는 '좋은교사운동'이라는 교원 단체에서 활동하고 있는데요. 좋은교사운동 산하 단체인 시시시티아이엠에서 육아 중인 여교사들을 위해서 '마마스라방'이란 프로그램을 운영하고 있습니다. 육아를 하는 또래 선생님들이 2주에 한 번씩 줌에서 만나고 있어요. 제 아내도 참여하고 있고요.

보이는 라디오처럼 몇 분의 선생님이 프로그램을 진행합니다. 육아를 하며 서로 힘든 점도 나누고 정서적으로 함께 위로하는 시간을 갖는 거죠. 찾아보면 그런 좋은 소통 창구들이 많습니다. 혼자 육아를 하면 금방 지치거든요. 이런 프로그램이 큰 위로가 될 겁니다.

육아에 힘쓰는 선생님에게 해 주고 싶은 말

결혼하기 전, 결혼한 다음에 할 수 있는 육아 고민 해결법을 알려 주셨는데요. 덧붙이고 싶은 말씀이 있으면 해 주세요.

송승훈   가끔은 합숙 연수에도 참석해 보세요. 잠시 육아에서 벗어나 공부에 집중하게 되어서 몸과 마음이 쉴 수 있고, 답답함이 줄어들어요. 합숙 연수에 가서 공부하는데 왜 휴식이 되는지 의문이 들 수 있는데요. 자기계발을 하는 것은 자기 성장 욕구를 만족시키는 행위이고, 인간 존재에게 꼭 필요한 높은 수준의 욕구 충족 행위예요. 자기 내면의 수준 높은 욕구가 채워질 때 비로소 답답함이 사라지고 잘 쉬었다고 여겨요.

삶에 도움이 되는 인생 지혜를 많이 알게 되었네요. 마지막 한 말씀을 해 주신다면요.

송승훈 　배우자가 육아에 동참할 때, 내 기준에 못 미치더라도 상대가 노력하면 많이 칭찬해 주세요. 칭찬을 받아야 상대가 자존감이 유지가 되어서 서로에게 자유를 더 주게 돼요. 언제나 나만 희생하고 있다며 배우자를 공격하는 표정을 지으면 상대가 너무 힘이 들어요.

앞에서 제가 행동으로 너무 서비스하지 말라고 했는데요. 마지막에는 조금 다르게 말할게요. 말로는 충분히 많이 서비스하시기 바랍니다.

고 선생님도 덧붙이고 싶은 말씀이 있을까요?

고성한 　저도 지금 아이가 어리고, 또 아내와 함께 육아하고 있는데요. 그래서 사연 속 선생님의 상황에 깊이 공감합니다. 아무것도 안 해도 힘든 게 육아입니다. 하지만 한 아이를 키워 낸다는 것 자체가 엄청나게 가치 있는 일이에요. 특히 교사가 육아한다는 건 단순히 내 아이만을 잘 기르는 일이 아니거든요. 육아라는 살아 있는 경험을 통해서 우리 반 학생 한 명 한 명을 더욱 소중하게 생각하게 됩니다.

마지막으로 사연 속 선생님께 한 말씀 해 주시겠어요?

고성한 　육아를 하는 것만으로도 힘든데 시간을 쪼개서 연수

257

도 듣고 싶어 하는 선생님이 대단하다고 생각합니다. 선생님은 이미 좋은 부모, 또 좋은 선생님이실 거라는 생각이 듭니다. 선생님께서 지금까지 육아와 교직 생활을 잘 감당하신 것처럼 앞으로도 더 잘 해내실 거라고 믿습니다. 마음을 담아 선생님을 응원합니다!

교사 상담 노트

- 결혼 전후 생활의 변화에 관해 이야기를 나누고 삶의 밑그림을 함께 그린다.
- 서로의 사회 활동에 대해 미리 협의하여 육아 시간을 분담해 놓는다.
- 자기계발 시간을 충분히 마련하기 위하여 주어진 시간을 최대한 질적으로 사용한다.
- 아이가 어려서 시간 내기가 어려울 땐 토막 시간을 활용하여 자기계발을 한다.
- 육아와 관련한 좋은 소통 창구를 찾아서 정서적 위로를 받는다.
- 합숙 연수에 참여해서 잠시 육아에서 벗어나는 시간을 갖고 몸과 마음을 휴식한다.

15

교사로서
의욕이 없어졌어요

저는 요즘 학교생활에 의욕이 없어졌어요. 학교에 가기가 점점 싫어지고 있어요. 체력도 떨어지고 아이들도 예전처럼 사랑스럽지 않고 가끔 우울해져요. 열정도 의욕도 없이 아무 생각이 없이 그냥 학교에 오가고 있어요.

가끔 동료 선생님들의 병 휴직 소식을 접할 때마다 저 역시 점점 체력의 한계도 느끼고 내가 몇 살까지 건강한 몸으로 교단에 설 수 있을까 하는 생각이 드네요. 어렵게 교사가 되었는데 어떤 때는 인생이 막막하다는 느낌이 들어서 어떻게 해야 할지 모르겠어요.

마감에 늘 쫓기는 학교 업무를 바쁘게 하고, 수업 시간에 학생들을 가르치고, 때가 되면 시험 문제를 내고, 수행평가를 채점하고, 그다음에 긴 시간을 들여서 학교생활기록부를 기록하고, 동아리 지도를 하고, 업무로 다

가오는 체험학습과 수학여행까지 챙기다 보면 어느새 시간이 휙휙 지나
가요.

결혼하고 아이를 낳고 육아를 하다 보니 제 꿈을 이루기가 갈수록 어렵
네요. 이러다가 금방 늙어 버릴 것 같은 두려워요. 모두 다 잘하고 싶은데,
체력이 달리고 시간도 부족해요.

이제는 열심히 하는 게 힘듭니다. 수업이든 학교 일이든 대충 하고 싶고,
놀고 쉬고 싶기만 한데, 그러면 몸은 편해도 마음은 불편해요. 어떻게 다
시 열정을 찾을 수 있을까요?

┤ 공감 ├

쉬어도 잘 해결이 안 돼

**마지막 사연이어서 그런지, 인생 자체에 대한 고민이라고 생각이 됩니다. 어떻게
이 문제에 접근해야 할지, 제가 고민이 다 되네요.**

송승훈   사연 속의 선생님 사연은 주변에서 드물지 않아요. 열
정이나 마음의 불이 꺼져 가는 상태인데요. 선생님은 지금 '이건
아닌데…….' '이건 아니잖아…….' 하고 버티는 상태예요. 여기
서 더 나빠지면 괴로움도 느끼지 않죠. 그러면 문제가 더 깊어집
니다. 식상하고 권태롭고 따분한 교사가 되어 버리거든요. 그런 교

사에게서 배우면 학생들도 수업이나 학교생활에 재미가 덜하고 지루해지기 쉽지요.

고 선생님은 사연을 어떻게 들으셨어요?

 고성한　　선생님의 사연에 깊이 공감합니다. 사실 저도 몇 년 전까지는 학교생활에 큰 의욕이 없었거든요. 사연 속 선생님의 모습과 매우 비슷했습니다. 선생님의 표현처럼 학교를 그냥 오고 갈 때가 많았죠. 물론 그때도 아이들을 진심으로 대하긴 했습니다. 하지만 퇴근 후에 따로 무언가를 배우고 싶은 열망이 생기지는 않더라고요. 연수를 듣고, 또 책을 읽지 않아도 그동안의 경험으로 어느 정도는 학급운영과 교과 지도가 가능했거든요. 그냥저냥 하루하루 살았던 것 같아요.

주변에서 시간을 내서 무언가를 열심히 배우고, 또 자기계발도 열심히 하는 동료들을 많이 봤습니다. 당시는 그런 동료들이 이해가 안 가더라고요. 그냥 하루를 버텨내는 것도 이렇게 힘든데 어디에서 그런 에너지가 나오는지도 궁금했고요.

송 선생님, 어떤 해결 방법이 있을까요? 지쳤으니까 푹 쉬면 나아질까 싶기도 한데요.

 송승훈　　교사가 의욕을 잃었을 때 쉰다고 해서 문제가 다 해결

261

되지는 않지만, 우선 쉬는 게 도움이 될 때가 많아요. 교사가 된 지 10년이 지나면 무급 자율휴직을 할 수 있는데요. 자율휴직이 가능하면 길게 쉬어도 좋아요. 그런데 경제적으로 돈을 벌어야 하는 상황이어서 휴직을 하지 못하는 경우도 많아요. 개인 여건에 따라서는 길게 쉴 수가 없어요.

이때는 무조건 밖으로 나가 걷기부터 하세요. 좀 나아지면 등산도 좋습니다. 체력이 좋아진다고 해서 학교생활에 의욕이 다 살아나지는 않지만, 그래도 몸에 힘이 있으면 다시 의욕을 되찾는 데 어느 정도는 도움이 됩니다.

인생에서 의욕을 잃고 지쳤을 때 어떻게 해야 할지 이야기를 하고 있습니다. 고성한 선생님도 의욕이 없는 시기가 있었다고 하셨잖아요. 어떻게 극복하셨어요?

 고성한   특별히 극복하려고 노력하지는 않았습니다. 시간이 흐르다 보니 자연스럽게 관심 분야가 하나씩 생기더라고요. 예를 들면, 어느 순간 글쓰기에 관심이 생겼습니다. 그래서 글을 한 편씩 썼습니다. 그러다 보니 욕심이 생겨서 월간지에 연재를 했습니다. 글이 쌓였는데 아까워서 책도 출간하게 됐고요. 책을 출간하니까 연락이 와서 연수를 하게 되었습니다. 그 연수 자료를 정리해서 또 다른 책도 쓰게 되었고요. 제가 처음부터 큰 결과물을 기대하고 글쓰기를 시작한 건 아니었습니다. 그냥 할 수 있는 만큼 조금씩 무언가를 하다 보니까 연쇄적으로 다른 일이 일어난 거죠.

어떻게 갑자기 의욕이 생겼는지 궁금하네요.

 고성한   결국 시기의 문제였다고 봅니다. 과거에는 무언가를 새롭게 배울 만한 에너지가 없었어요. 학교 일을 감당하는 것만으로도 벅차서 퇴근 후 돌아와서 아무것도 할 수 없었던 거죠. 그런데 경험이 쌓여 가면서 학교 업무나 아이들과의 상호작용이 익숙해졌어요. 그래서 퇴근 후에도 에너지가 조금 남았습니다. 그 남아 있는 에너지를 조금씩 다른 일에 사용하게 된 거죠.

┤ 상담 1 ├

좋은 사람에게서 힘 얻기

저는 의욕을 잃었을 때 좋은 사람을 만나서 힘을 얻은 적이 있는데, 이 경우에 적용이 될까요?

 송승훈   자기 일에 의욕이 넘치는 사람을 만나는 건 도움이 많이 돼요. 학교생활이 쳇바퀴 도는 느낌일 때가 있어요. 수업하고, 생활지도하고, 행정 업무를 처리하고, 시험 문제 내고, 수행평가 채점하고, 성적 처리하고, 학교생활기록부 쓰고 나면 어느새 한 학기가, 일 년이 휙 하고 지나가요. 그러다 보면 문득 학교생활뿐 아니라 인생 자체가 막막해지고 지친다는 심정이 될 때가 있어요.

그때 자기 일을 열심히 하는 사람을 언론매체나 인터넷, 현실에 보면 그게 위로가 되고 힘이 돼요. 그 사람이 열심히 애쓰며 사는 모습 자체가, 왜 그런지 모르겠지만 마음을 평화롭게 해 줍니다.

좋은 사람을 만나는 게 도움이 된다면, 어떻게 해야 좋은 사람을 만날 수 있나요?

송승훈   지역마다 개성 있는 인문학 서점이나 독립 서점이 곳곳에 많이 생겼어요. 그곳에서는 저자 특강도 하고 독서 토론 모임이나 공부 모임을 운영하기도 해요. 저는 이런 기회를 통해 좋은 사람들을 만납니다. 의미 있는 주제를 탐구할 때 인간은 가슴속에서 충만감을 느끼죠. 그래서 지적 활력이 있는 사람들을 만나서 어울리면, 정신적으로 소진되었을 때 다시 충전됩니다. 학교 바깥에서 다른 직종에서 일하는 사람들을 만나면 새로움이 느껴져서 좋아요.

교사 공부 모임도 다양하게 있는데, 여러 모임 중에서 관심 분야가 맞고 활력 있는 모임을 찾아서 참여하는 것을 권합니다. 평소에 이런 모임에 참여해 본 경험이 없으면 어색함과 쑥스러움 때문에 참여하기가 어려워지는데요. 어색한 기분이 들 때는 살짝 그 마음을 모른 척하고 내 살길을 찾는 행동에 나서야 합니다. 너무 많이 생각하면 생각하다가 지쳐서 행동에 못 옮기니까, 일단 모임이나 행사에 참여 신청을 하세요. 그리고 빨리 회비를 입금해서 자기 몸을 움직이게 하는 것이 좋습니다.

송 선생님은 좋은 사람들을 만나서 힘을 얻는다고 말씀하셨는데요. 고 선생님 생각은 어떠신가요?

 고성한 　　　저도 송 선생님 말씀에 전적으로 동의합니다. 좋은 사람을 만나면 그 자체로 큰 힘을 얻게 됩니다. 그래서 좋은 모임에 가고 좋은 사람들을 만나는 일이 무엇보다도 중요합니다. 앞에서 의욕이 없던 제가 어느 순간부터 의욕이 생겼다고 말씀드렸잖아요. 시간이 흐르면서 자연스럽게 그렇게 됐다고 말씀드렸지만 엄밀히 따지면 긍정적인 사람들과의 만남이 저에게 영감을 주었습니다.

저는 좋은교사운동 소속, CCCTIM 충남서부지역 교사 모임에 참여하고 있는데요. 그 모임에서 김태현 선생님의《교사, 삶에서 나를 만나다》를 접하게 되었습니다. 그 책은 힘든 교사에게 위로를 건네는 내용이었어요. 열정 없이 하루하루 사는 제게 김 선생님의 위로가 큰 위로가 되었습니다. 책을 읽으면서 깊은 치유를 경험했어요.

그렇죠. 책 한 권이 확 와닿는 순간이 있어요.

 고성한 　　　책을 읽는 것만으로도 좋았는데 김태현 선생님을 직접 뵙기도 했습니다. 당시 저희 모임 선생님 중에 김 선생님과 친분이 있는 분이 계셨거든요. 학기중이었고 평일 저녁이었는데도 경기도에서 충청남도까지 흔쾌히 달려와 주셨어요.

그 자리에서 제가 선생님께 교직 생활 자체가 정신없고 바쁜데 어떻게 이런 책까지 출간할 수 있었는지 물었습니다. 김태현 선생님은 자신도 시간이 많이 없다고 했어요. 그렇지만 없는 시간을 짜내서 글을 쓰고 있다고 하더군요. 새벽에 일찍 일어나서 글을 쓴다는 말이 제 귓가를 맴돌았습니다. 저는 당시에 시간을 그냥 흘려보내면서 살고 있었거든요. 그 이야기가 제게 큰 자극이 되었던 거죠.

김 선생님과의 만남이 선생님의 삶에 긍정적인 영향을 주었군요?

 고성한   맞아요. 그 후로 저도 김태현 선생님처럼 글을 썼습니다. 결과적으로 제 이름을 단 책도 출간하게 되었고요. 김태현 선생님의 삶에서 영감을 받아서 책을 쓰고 강연을 하며 비슷한 길을 걷고 있습니다. 생각해 보면 좋은 모임, 좋은 책, 좋은 사람과의 만남을 통해 자연스럽게 의욕이 생겼던 것 같아요.

―――――――――┤ 상담 2 ├―――――――――

학교 교사여야만 할 수 있는 재밌는 수업을 하기

좋은 사람을 만나서 잃어버린 열정과 의욕을 되찾는 방법을 알려 주셨습니다. 그

러면 학교 안에서 교사가 자기 일을 하면서 힘을 되찾는 방법은 어떤 게 있을까요?

송승훈　　학생들을 가르치는 데서 재미를 느끼도록 수업을 기획해 보세요. 학교에서만 할 수 있고, 교사로 있지 않으면 할 수 없는 재밌는 수업을 하는 건데요. 수업이 재밌으면 교사도 학교생활에 의욕이 생기죠. 프로젝트 수업을 해 보시라고 추천해 드려요. 중학생이라면 '동네 어른 인터뷰하기'를 하면 재미가 있어요. 주민센터의 협조를 받아서 모둠별로 경로당의 할머니 할아버지와 만나서 '이 지역에서 살아온 인생 이야기'를 나누고, 그 내용으로 보고서를 쓰게 하는 수업이에요. 아이들의 보고서를 읽으면서 이 지역에 사는 다양한 사람들의 역사와 인생을 알 수 있어서 매우 흥미롭습니다.

이런 수업을 하면 다양한 상황이 생기는데, 그것을 해결하고 과정을 도우면서 교사 역시 재미를 느끼고 활력을 되찾게 될 수 있어요. 교사와 학생 모두 수준 높은 수업을 했다는 것을 알기에 뿌듯함과 자부심도 생기고요. 구본희 선생님의 《보니샘과 함께하는 자신만만 프로젝트 수업 10》에 이 내용이 나와 있어요.*

★ https://blog.naver.com/sarambon

학생들이 동네 어른을 만나 인터뷰한다니, 그 과정에서 여러 일이 생기겠군요. 활력 있는 수업을 해서 교사가 힘을 얻는다는 문제해결 방식에 공감이 됩니다. 중학교 사례를 말씀해 주셨는데, 고등학교 사례도 소개해 주세요.

송승훈   고등학생이라면 책 대화하기, 책 읽고 인터뷰하기, 사회문제의 해결 방안을 찾는 독서 활동, 자서전 쓰기나 독서 구술평가 같은 활동을 하면 재미가 있어요. 책을 읽고 대화한 내용을 기록해서 보고서를 내는 '책 대화하기'를 하면 학생들의 생각을 세밀하게 볼 수 있어서, 일반적인 강의 수업에서 오는 지루함에서 벗어날 수가 있어요.

'책 읽고 인터뷰하기'는 학생들이 배울 점이 있는 사람을 선정한 다음에 그 사람과 관련된 책을 읽고 나서, 모둠으로 그 인물을 만나 인터뷰하고 보고서를 쓰는 활동이에요. 학교 밖 인물을 만나 인터뷰하는 활동이라서 학생들이 엄청 긴장을 하지만, 진행 과정에서 여러 설레임이 있어요. 학생들이 기대를 갖고 진행하는 모습을 보며 교사가 생기를 얻게 됩니다.

사회문제의 해결 방안을 찾는 독서 활동은 빈곤, 환경, 에너지, 노인, 성평등, 차별, 다문화처럼 우리 사회의 문제 중에서 한 가지를 선택해서, 학생들이 모둠 활동으로 문제의 현황과 원인, 해결 방안을 정리하고 토론하는 활동이에요. 다양한 사회문제에 대해 살피기에 수업 시간에 살아 있는 질문과 답이 오고가지요. 지금 고등학교 사회 교과에는 '사회문제 탐구'라는 과목이 있기도 해요.

사회를 예로 들어 설명했지만, 과학 주제를 정해서 긴 호흡으로 한 달 정도 탐구하는 활동을 하면 교사가 지적 재미와 성취를 느끼면서 활력을 되찾는 데도 도움이 됩니다. 강영아의 《아무튼 남고》, 김현수 외 4인의 《현장 중심 문해력 신장 프로젝트》 같은 책이 참고가 돼요. 제가 쓴 《나의 책 읽기 수업》도 있고요.

송 선생님이 수업을 잘 기획해서 교사가 의욕을 되찾는 방법을 말씀해 주셨어요. 고성한 선생님 생각은 어떠신가요?

 고성한　　 송 선생님이 수업을 통해서 교사가 의욕을 되찾는 방안을 자세히 말씀해 주셨습니다. 저는 그러면 다른 측면에서 말씀을 드려 볼게요. 학교 업무를 통해서도 열정과 의욕을 되살릴 수 있습니다. 생각해 보면 학교에서 자발적으로 할 수 있는 일이 많습니다. 이전 학교에서 있었던 일을 예로 들어 보겠습니다.
전교 학생 수가 천 명이 넘는 큰 학교에서 근무한 적이 있는데요. 그때 제가 전 교직원을 대상으로 체육 행사를 기획한 적이 있어요. 구체적으로는 전 교직원 대상으로 탁구 대회를 열었죠. 경기 방식, 일정, 상품 등을 모두 계획하고 준비했습니다. 그 당시에 새내기 교사였는데, 나름 큰 행사를 맡게 된 거죠.

큰 규모의 학교에서 전 교직원을 대상으로 행사를 개최하는 일이 쉽지 않았을 것 같아요.

고성한　　　사실 쉽지 않았어요. 오랜 기간 준비도 했고요. 그런데 결과적으로 제가 계획한 대로 행사가 잘 진행되었습니다. 행사 전체를 총괄하면서 엄청난 성취감을 경험했습니다. 행사를 통해서 교직원 간 분위기도 많이 좋아졌어요. 저는 이전까지는 학교에서 있는 듯 없는 듯 지냈거든요. 그런데 이 행사를 통해서 주목을 많이 받게 되었습니다.

다른 학교에서는 3년 동안 학생 자치회 업무를 맡았는데요. 학생 자치회 업무는 자율성이 높은 업무라서 학생 대표들과 상의하면서 다양한 사업을 마음껏 진행할 수 있었습니다. 학생들의 의견을 반영해서 어린이날 행사도 기획했고요. 양심 우산을 만들어서 교내 곳곳에 비치도 했습니다. 비 오는 날 우산을 안 갖고 온 학생들이 양심 우산을 갖고 하교하는 모습을 지켜보면서 참 뿌듯했습니다. 등굣길에 피켓을 들고 어깨띠를 두른 채 질서 지키기 캠페인도 했고요. 생각해 보면 재밌는 일들이 많았네요. 학생 자치회 업무를 추진하는 과정에서, 또 그 결과물을 보면서 보람과 긍지를 느꼈습니다. 그러다 보니 자연스럽게 의욕이 생기게 되더라고요. 억지로 하는 일은 재미없습니다. 하지만 자율성을 가지고 자발적으로 하면 굉장히 즐거워요. 의욕도 많이 생기고요. 사연을 보내 주신 선생님도 평소 관심 있는 분야가 분명히 있을 거예요. 그 분야의 업무를 자원해서, 자발적으로 행사 등을 추진한다면 자연스럽게 의욕이 생길 겁니다.

마지막 이야기

마지막 순간이 왔네요. 이제 전체 이야기를 마무리할 때입니다. 송승훈 선생님 마무리하는 말씀을 해 주세요.

송승훈   내가 시들어 간다는 느낌이 들 때가 있어요. 하루하루를 그냥 산다는 느낌이 들면 인생이 허망해지지요. 이유를 알기도 하고 모르기도 하면서, 계속 힘이 나지 않아요. 쉬어도 소용이 없고요. 이때 자신에게 한번 물어보세요. "내가 왜 그런가?" 하고요. 사람은 의미를 찾는 존재예요. 자신의 삶에서 의미 있는 것을 만들어내지 못할 때, 내 존재 자체가 삶을 의미 없게 여기고 지칠 수 있어요. 만약 그런 상황이라면 좋은 사람을 알아보고 찾아가서 함께 어울리면 좋겠어요.

직접 찾아가기가 쑥스럽다면, 좋은 교사가 자기 이야기를 쓰는 블로그*를 찾아서 읽어 보세요. 사람은 음식만 골고루 먹어야 하는 게 아니라 인간관계도 다양하면 좋아요. 평소에 안 만나던 유형의 사람을 만나는 것도 해 볼 만한 일입니다.

더 하실 말씀이 있으면 해 주세요.

송승훈   건강에 관한 명언 중에 '앉아 있으면 죽고 걸으면 산

271

다.' 는 말이 있어요. 인생이 허망하다는 느낌이 들 때 앉아서 고민만 하면 힘든 상태가 해결되지 않아요. 미술관에 도슨트로 참여하는 봉사를 하든지, 쓰레기를 줍는 등산 모임에 참여하든지, 몸을 움직여야만 불안과 걱정과 허망함은 사라지거나 줄어든다는 말씀을 마지막으로 드립니다. 자기 마음 들여다보고, 그다음에는 움직이세요! 너무 오래 자신을 건강하지 않은 감정 상태나 생각에 머무르게 내버려두지 않았으면 합니다.

고 선생님은 어떤 말씀 해주고 싶으신가요?

 고성한　　　교육도 결국엔 사람을 만나는 일입니다. 교육에 있어서 가장 중요한 것이 바로 교사이고요. 학생들은 교사가 삶을 대하는 자세를 오감으로 느끼고 배우거든요. 결국, 학교 현장에서 교사가 어떻게 살아가는지가 중요합니다. 주위를 둘러보면 매력적인 사람들이 많습니다. 여기서 말하는 매력은 단순히 외모를 말하는 게 아니고요. 바로 긍정적인 에너지를 말합니다. 교사는 학생들

＊　김영희 https://blog.naver.com/hehe26
　　김진영 http://blog.naver.com/2459466
　　민재식 https://blog.naver.com/sik4967
　　윤재오 https://blog.naver.com/dragon2284
　　이민수 https://blog.naver.com/frindle02
　　하고운 https://blog.naver.com/gilly71
　　이주연 https://blog.naver.com/rnfmatpwja81

에게 긍정적인 에너지를 발하는, 그런 매력적인 존재가 되어야 합니다.

좋은 사람 곁에 있으면, 자연스럽게 좋은 사람이 될 수 있습니다. 선생님이 매력적인 사람들 곁에 많이 머물러 있기를 바랍니다. 그러면 자연스럽게 괜찮은 사람이 될 거예요. 물론 학교에 매력적이고 괜찮은 사람만 있는 건 아니에요. 내 감정을 흔들어 놓고, 몸과 마음을 어지럽게 하는 사람들도 분명히 있습니다. 그런 사람들로부터 나 자신을 지켜 나가는 것도 중요한 일입니다.

학생도 학교도 중요하지만, 무엇보다도 중요한 건 나 자신입니다. 교사가 행복해야 아이들도 행복할 수 있어요. 그 점을 항상 기억하시기 바랍니다. 교직 생활에 언제나 즐거운 일만 있지는 않을 겁니다. 어려움 속에서도 좋은 면들을 많이 발견하고, 또 즐겁게 지내시기를 바랍니다. 저도 그렇게 지내도록 노력하겠습니다.

교사 상담 노트

- 자율휴직이 가능하다면 길게 쉬며 여행을 간다.

- 운동을 하면 체력이 좋아지고 의욕을 되찾는 데 도움이 된다.

- 자기 일을 열심히 하는 긍정적인 사람이나 좋은 책을 만나면 위로와 힘이 된다.

- 활력 있는 교사 공부 모임이나 지역 교사 모임 같은 좋은 모임에 참여한다.

- 학생들을 가르치는 데서 재미를 느끼도록 수업을 기획한다.

- 자발적으로 무엇을 추진하는 과정에서 열정과 의욕을 얻는다.

참고문헌 및 자료

도서

강영아, 《아무튼 남고》, 푸른칠판, 2023.

구본희, 《보니샘과 함께하는 자신만만 프로젝트 수업 10》, 우리학교, 2020.

김현수 외 4인, 《현장 중심 문해력 신장 프로젝트》, 교육과학사, 2022.

나카지마 가즈노리, 《선생이 부서져간다》, 글누림, 2016.

대니얼 카너먼, 《생각에 관한 생각》, 김영사. 2018.

문수정·최경희, 《교실에서 별을 만나다》, 좋은교사, 2022.

박종철, 《교실 평화 프로젝트》, 양철북, 2013.

송승훈, 《나의 책 읽기 수업》, 나무연필, 2019.

연수

김수연, 《통합교육의 거의 모든 것》, 아이스크림 원격연수원, 2022

민원 지옥 SOS

한명숙 지음

민원 천국이 되어버린 학교, 사라진 교권… 이대로 계속 외면할 것인가? 현재 학교 현장에서 일어나고 있는 수많은 민원 사례를 살펴보고, 민원 예방부터 민원 대처법, 악성 민원 해결 노하우부터 교권을 보호하는 해외 사례까지 이 한 권에 담았다.

배움혁신

사토 마나부 저, 손우정 역

교사는 동료 교사와 함께 수업을 나누고 아이들의 배움을 연구하면서 진정한 행복을 누리는 직업이다. 이 책을 통해 코로나 팬데믹 3년이 우리에게 남긴 상처를 치유하고, 21세기형 학교와 배움으로 나아가는 큰 지혜와 용기를 얻으시기 바란다.

주도성

김덕년, 정윤리, 양세미, 최선경, 정윤자, 위현진, 김재희, 신윤기 지음

주도성이란 무엇이며, 학교안에서 주도성이 일어나게 하려면 어떻게 해야 하는가? 이 고민에 대한 해답을 현장의 목소리로 생생하게 담았다. 주도성이 살아 숨 쉬는 초중고 현장 사례와 주도성이 일어나기 위한 조건을 제시한다.

그림의 진심

김태현 지음

화가들이 남긴 작품을 단순히 보는 행위로서의 관람이 아니라 그림 속 화가의 '진심'으로 받아들일 수 있도록 저자의 경험을 나누며, 독자를 초대한다. 자신 안에 이미 들어와 있는 심미안으로 그림을 찬찬히 들여다보고 화가의 진심과 만나는 여행을 함께 떠나자.

그림책 놀이 학급운영

홍표선, 김진희, 이은주, 이현주, 강상주, 변미정, 이선아, 이미영 지음

새 학기를 앞두고 교사는 어떤 아이들을 만날지 설레는 마음과 함께, 어떻게 하면 아이들과 즐겁고 신나게 일 년을 함께할 수 있을지 고민이 깊어진다. 유아교육 현장 전문가들이 영유아교육에 도움이 되는 그림책 28권과 그림책으로 하는 85가지 놀이를 담았다.

그림책 한글 놀이

홍진선 지음

한글을 즐겁게 익히는 가장 강력한 도구라고 할 수 있는 '그림책'과 '놀이'를 이 한 권에 함께 담았다. 이 책에 실린 50권의 흥미로운 그림책과 91개의 다양한 놀이를 통해 아이들은 재미있게 한글이랑 만나고, 놀고, 친해지고, 이야기 나눌 수 있다